撬动品牌的赢利模式

中国财富出版社

图书在版编目（CIP）数据

撬动品牌的赢利模式 / 罗鸿著. —北京：中国财富出版社，2015.1

ISBN 978 - 7 - 5047 - 5380 - 9

Ⅰ. ①撬… Ⅱ. ①罗… Ⅲ. ①品牌营销—模式 Ⅳ. ①F713.50

中国版本图书馆 CIP 数据核字（2014）第 212259 号

策划编辑	刘天一	**责任印制**	何崇杭
责任编辑	张冬梅　宋宪玲	**责任校对**	梁　凡

出版发行	中国财富出版社		
社　　址	北京市丰台区南四环西路 188 号 5 区 20 楼	**邮政编码**	100070
电　　话	010 - 52227568（发行部）		010 - 52227588 转 307（总编室）
	010 - 68589540（读者服务部）		010 - 52227588 转 305（质检部）
网　　址	http：//www.cfpress.com.cn		
经　　销	新华书店		
印　　刷	北京京都六环印刷厂		
书　　号	ISBN 978 - 7 - 5047 - 5380 - 9/F · 2229		
开　　本	710mm × 1000mm　1/16	**版　　次**	2015 年 1 月第 1 版
印　　张	13	**印　　次**	2015 年 1 月第 1 次印刷
字　　数	163 千字	**定　　价**	32.00 元

引　言

中国高端消费市场悄然崛起

丝绸之路已经有两千多年的历史了，借助丝绸之路，中国的品牌产品如丝绸、瓷器等受到各国人民的喜爱，就连罗马的恺撒大帝也不例外。丝绸之路象征着东西方的伟大交流，象征着中华民族的几千年辉煌。

近代以来，中国的衰落导致了丝绸之路的没落。如今，改革开放后的中国再一次走上历史复兴之路，中国与国外的经济前所未有地紧密融合，在世界的各个角落都有着中国品牌的身影。一条更宽更广的“丝绸之路”，正在重现这个古老民族的现代辉煌。这一切都得益于中国品牌的奋起。

《财富》杂志每年公布的世界 500 强是各国品牌实力的直接见证。2005 年 7 月，美国最新一期《财富》杂志正式公布了全球企业 500 强最新排行榜，在这个代表全球最强大企业的排行榜上，中国内地有 15 家入围。如果加上中国香港特区和中国台湾地区的 3 家企业，中国入围企业则达到了 18 家。

时隔 4 年之后，也就是 2009 年，在新一期的名单，又出现了许多我们熟悉的中国品牌的身影。2009 年中国内地有 34 家企业入围，中国台湾地区有 6 家企业，中国香港特区有 3 家，一共是 43 家，数目比4年前翻了一倍还多。

中国企业的发展不仅呈现在量上，质的飞跃更是让人不可忽视。其中，中石化由4年前的第31位一跃成为2009年的第9位，这也是首次有中国企业进入全球十强，中石油与国家电网公司分别跃居第13位和第15位，前20强中有3家中国品牌入围。此外，几乎所有入围的企业的排名较2005年都有所上升，其中有9家企业新入围，实在是可喜可贺。

由于历史和现实的原因，在外国品牌的攻城略地下，中国自主品牌整体上处于相对弱势，但从来不甘示弱，优秀的民族品牌从失败和挫折中昂然奋起，贴身厮杀，甚至可能反败为胜。放眼全国，这实在是一片可歌可泣的波澜壮阔景象：李宁之于耐克，纳爱斯之于联合利华，蒙牛之于雀巢……神州大地，万马奔腾，民族自主品牌保卫战如火如荼。

十几年前，外国空调大举进军中国，大有风卷残云之势，然而，中国空调奋起反击，发动一次又一次的自卫反击战，并在战争中迅速成长。从2000年开始，以春兰、格力、海尔、美的、科龙等为代表的空调主导品牌的产量超过全国生产总量的40%。而日本、美国、韩国在我国建立的空调企业，其产量则占总量的20%。

与此同时，海信、奥克斯、澳柯玛、志高、长虹、新科、乐华、TCL、格兰仕等后期介入空调生产的企业成长迅速，产量已占总量的15%。而且，更为值得称道的是，中国空调自主品牌不仅守住了河山，而且代表中国品牌远赴海外，开创中华民族新的辉煌。

中国消费市场正快速地发生变化：越来越多的欧美大牌涌入中国，本土高端品牌不断涌现，以高端消费人群为核心目标人群的众多品牌快速成长壮大……

中国在世界版图中冉冉崛起，在30多年中快速实现财富累积，中国的高端消费加快实现与世界比肩的步伐，一股高端消费热潮已悄然形成。只要看看以下几组数据，就能明白在中国发生的转变有多么大的力量。

世界奢侈品协会统计，截至2011年12月底，中国奢侈品市场年消费总额已经达到126亿美元，占据全球同等份额的28%，超过1/4，中国已成为全球奢侈品消费占有率最大的国家。

根据世界奢侈品协会对欧洲主要奢侈品商业的数据收录，2012年春节期间，中国人在境外消费累计达72亿美元，比预计数额增长了15%，创历史最高点。春节期间，中国消费者分别占据了欧洲奢侈品市场销售总额的62%，多于1/2；占据了北美奢侈品市场销售总额的28%，约1/3；占据了中国港澳台地区奢侈品市场销售总额的69%，多于2/3。数据证明，中国人已经成为节假日境外最具奢侈品购买力的消费群体，居全球之首。

虽然各方数据的观测角度和数字不尽相同，但都表明同一个事实，那就是：越来越多的中国消费者开始青睐高端消费品，这股热潮只增不减，将会迎来中国高端消费市场的黄金时代。

国际投资银行高盛公司的报告曾指出，未来10年，中国将成为全球高端消费品发展最快的市场，其规模也将超过日本，中国将拥有全球最大的高端消费客户群。

面对爆发式增长的高端消费群体和高端消费市场，中国本土的高端品牌如何建设？如何确定核心品牌价值并赢得消费者的认同和依赖？如何打通中国市场的高端渠道？

阿基米德曾言：“给我一个支点和一根足够长的杠杆，我就能撬动整个地球。”想撬动中国高端消费市场，必须先了解这个市场的全貌，找到撬动杠杆有力的支点。

本书从全面解析中国高端消费市场的现状入手，包括高端品牌和高端消费者的界定，剖析中国高端消费者的职业面貌、生活形态、消费特征、品牌偏好等内容，力争呈现一个完整真实的高端消费群体。

现在，我们将揭开高端品牌市场的神秘面纱！

罗　鸿

2014 年 8 月

第一章　高端消费市场的真相

第二章　品牌资产：打造高端品牌

第三章 品牌管理：创建强势品牌

第四章 品牌领导：新兴的市场趋势

第五章 品牌营销：撬动高端消费品牌

第一章 高端消费市场的真相

任何市场都离不开产品和消费者这两个重要的元素，所谓高端消费市场，我们主要阐述高端品牌和高端消费者。

第一节　了解高端消费市场

1. 什么是高端消费品

高端消费的概念来源于奢侈品消费的概念，奢侈的概念从古代就有，因其自身具有的“稀缺性”使得奢侈品只能为少数上层社会人士所拥有。然而，奢侈品的概念到现代已经发生了巨大的改变，具体体现在，大众工业化时代的奢侈品由政治学上的概念变成了市场营销上的概念，它指的是一种经营品牌之道，使其能够走向目标市场。

因此，现代的奢侈品消费真正发展是从个人消费品开始，如法国精品协会的划分主要包括时装、皮制品、香水化妆品、金银饰品、水晶饰品、钟表、文具桌上用品、家居饰品和烈酒。而现在，随着国民生产总值和消费水平的不断提高，这种精细和高附加值的生产与消费方式衍生到了许多其他产业和领域，因此被我们称之为“高端消费市场”。

很多人一提起高端消费品，可能就会让人联想到“奢侈品”，其实这是一个错误的联想。高端消费品与现实主义有关，是关注性价比的一种投资，它们生产在最好的地方、具有精美的机械制造，质量一致、具有完美性。所以说“高端消费品不见得是奢侈品，但奢侈品一定是高端消费品。”

因此，简单来说，我们所说的高端品牌是指在市场领域，市场定位、品质及价格均处于高端的品牌及产品。它们包括但不限于奢侈品，主要由三大部分构成：处于顶级的奢侈品、高端生活用品及服务和高价格的日用品。

顶级奢侈品，如游艇等；

高端生活用品及服务，主要涵盖了如豪宅、别墅、高端家具家电、银行等内容；

而高价格的日用品，是指在同类产品领域中，价格明显高出普通商品的产品，如鲁花花生油，要比其他品牌的花生油贵出几十元钱，也就是价格高出其他品牌同类产品的产品。

2. 高端消费品市场现状

（1）不同特征的高端消费品市场

不同的发展阶段，不同国家的文化，造就了不同特征的高端消费市场。比如，欧美的高端消费历来已久，且具有低调、务实的特征，中老年人为高端消费的主力；日本的高端消费热潮直到近年的经济危机才慢慢衰退，其年轻人，尤其是白领女性是高端消费者的一大主体，其中群体对个人的影响产生极大的作用；而中国的高端消费目前还处在爆发式的增长中。

（2）中国高端消费品市场特征

①高端消费年轻化趋势显著，提前消费成风尚

中国高端消费群体趋于年轻化，主要集中在40岁以下的都市年轻

人，并以30岁左右的年轻新贵为主，具有高学历、高收入等人口特征。

以奢侈品消费为例，在2007—2010年的四年间，我国奢侈品主流消费群的最低年龄由35岁下降到了25岁。而国外成熟的奢侈品消费人群主要集中在40～70岁。

业内一般把中国的高端消费者分为两类：富豪和年轻人。世界奢侈品协会表示，中国人是否购买高端品牌并非取决于他们的收入和年龄，而是取决于消费心理。年轻的消费者拥有丰富的品牌知识与高端消费意识，在时尚引领的社会里，他们对奢侈品有很强的集体追逐和消费心理，刚步入社会的他们，需要身份认同；而且尚无家庭负担的年轻人价格敏感度也相对较低。另外，受到中国节俭的传统习俗影响，不少高收入的中老年人不愿加入高档消费品的消费大潮中来。

麦肯锡的一份研究报告表明，单从购买人数上说，中国的“中产阶层”成为奢侈品的消费主力军，占奢侈品消费者的51%，这部分人年收入为6万～20万元，主要是企业的中层管理人员。但人数与购买力并不成正比。世界上奢侈品消费的平均水平是拿出自己财富的4%左右去购买，而中国的一些消费者特别是年轻人，花在奢侈品上的财富甚至不止40%，年轻人透支情况超过日本，而“独生子女化”是此现象的主要成因。

年轻人透支消费的现象展现了消费欲望与消费力水平的冲撞和调和。尽管目前这部分人的消费能力并非最强，但存在着“消费升级”的潜力。

②海外购买高端消费品

欧美国家的高端消费一般都在本国国内消费，而中国高端消费者尤其是奢侈品消费有很大一部分通过境外旅游购买。

当然，一方面欧洲作为大多数顶级品牌发源地，在地缘上供应方便；另一方面，国外高端销售渠道较多元、品牌流通成熟，也对消费地点选择有很大影响。

同时，也与国内对高档消费品的消费限制、税率制度不鼓励等政策有一定关联。

2012年国庆期间，巴黎的巴黎春天百货专为中国国庆节期间出境的消费者推出了黄金周促销期，娇韵诗、倩碧、雅诗兰黛等大牌不但可以打九折，还设有专门的华人退税区，退12%的税，以满足高涨的中国高端消费需求。

③炫耀和送礼是高端消费的两大动机

美国商业杂志曾发表了一篇消费调查，声称对于消费，美国人的态度与其说是炫耀性的，还毋宁说是实用性的。

和西方国家不同，中国目前消费高端品牌更多的是为了攀比、炫富的目的，不是对生活品质的追求，而是处在一种模仿、跟风的状态中，内心没有稳定的价值观支撑。这可以解释为何大量的中国消费者会前往国外排队扫货，而国内则出现许多的名牌仿制品。

西方注重“独立的自我实现”，即注重内在，注重商品带来的愉悦；而亚洲则注重“非独立的自我实现”，更注重财富的可见度带来的外延，商品标识化即是亚洲为高端品牌疯狂的最为重要的原因。

高端品牌获得方式的差异：西方人自己买给自己的礼物，亚洲更多时候是相互赠礼。高档消费品被东方人看作尤其适合拿来作为礼物，因为赠送昂贵的奢侈品既可以使收礼物的人感觉受到了尊敬，也能够体现送礼人的地位和能力，进而出现了购买与消费分离的现象，造成中国高端消费市场中特殊的硬需求。

从这三个特征看来，中国的高端消费市场与欧美国家的高端消费市场情况有很大差别，中国的高端消费市场更多受到提前消费、海外消费、炫耀消费和送礼消费驱动，这些情况必须被市场营销人员谨慎地注意到，制定相应的营销策略。

第二节　高端消费群体特征透视

消费者是市场营销重点研究的对象，他们的价值观、生活形态、消费习惯等直接关系到品牌的营销策略。毫无疑问，洞察高端消费市场并打造高端品牌，须全面洞察高端消费者。

一般意义上的高端消费者，是雄踞在社会金字塔顶端的少数上流阶层，被描述为“位于消费系统的上端，占有整个市场比重构成的50%以上，也是整个社会精英人士的集合体，是社会文明前进和生产力发展的主动力源”。

在中国，地域和行业的差异使得收入水平并不能成为区分高端消费者的标志。

举例来说，年收入超过30万元的消费者在中西部地区属于高收入的富裕人士，但在北京、上海等地则不一定，如果再加上房产、医疗、养老、教育等开支和银行负债等考虑，拥有30万元年收入的消费者很可能并不愿意购买高端消费品。

相反，一个参加工作不久、年收入只有10万元的年轻白领，很可能因为其可支配收入相对较高，而且具有更强的购买意愿，反而能够在高端消费品上投入更多的金钱。

购买高端产品的人们并不一定具有顶级的收入和社会地位。所谓高端消费者，是具有一定收入水平、愿意以高价购买高质量产品以此体现其身份、地位，满足其心理需求的顾客群体。

那么，高端消费群体在哪儿呢？

1. 高端消费者的特征

（1）性别：男性居多，新女性崛起

与中国众多企业高层和政府官员的性别分布很相似，总体而言，富裕群体中的男性多于女性。

但是，女性消费者是高端消费市场中一支不可忽视的力量，现代女性越来越独立，收入也已经达到了可以购买高端消费品的水平。随着经济和社会地位的提高，年轻的中国女性正在逐渐超过“35 岁以上的商务精英”成为奢侈品购买者的最主要人群。她们包括女商人、社会名流以及富太太。

中国年青一代，尤其是女性，对高端消费品尤其是奢侈品越来越狂热。而许多中产阶级的白领女性也对高端消费品产生强烈的兴趣和需求，甚至因此被称为“能量新女性”。

（2）年龄：普遍年轻化

他们的年龄在 35～45 岁，平均年龄为 39 岁（也有报告称为 41 岁），比国外的富裕群体更加年轻。

73% 的中国高端消费者不到 45 岁，而这个比例在美国只有 50% 多一点；中国 45% 的高端消费者年龄在 35 岁以下，而西欧该年龄层的仅占28%。尤其是伴随着互联网和新技术而富裕的人，他们多是30岁左右的年轻人，尽管尚处于而立之年，在事业上却提前进入了“从心所欲，不逾矩”的阶段。特别是其中一些年轻新锐族，尽管还不具备相应的经济实力，但这些年轻人已开始使用一些名牌来点缀自己，并对高端消费品有很深向往。

罗德公关和信天翁联业商务咨询有限公司曾专门研究了这样一群位于20～30岁年龄段的高端消费者，发现他们的消费动机与30岁以上的消费者有很大不同。

他们主要不将高端消费品看作身份和地位的象征，而是出于自我奖励或为了体现自己的品位和个性而购买高端消费品。因此，这一群成长中的高端消费者应当受到营销人员更多的重视。

（3）学历：受教育程度高

除暴发户之外，富裕群体多受过良好的教育，甚至有海外教育背景。即使是在初期创富阶段没有受过较高的文化教育，但在财富积累到一定阶段，他们中的许多人都会寻求知识的补充，表现为进修各种商业知识、参加市场营销等方面的培训、研读EMBA等。

例如在高端家电产品消费者中，有近九成接受过大专及以上高等教育，学历在本科及以上的消费者占到63.8%，远高于大众消费者的比例。与教育程度更低的消费者相比，受过研究生及以上教育的中产阶级白领会更稳定地购买高端消费品。

（4）职业：企业中高层的主力军

他们多从事脑力劳动，多有体面的职业，且职业回报较高。而更重要的是，他们在职业领域中有较高的发言权。其中包括政府高官、大型企业决策层和中高层管理人员、公职人员、IT 英才、设计师、中小企业主等。还有一些职业股民和炒房者、投资者。这些富裕群体从事行业以服务业、房地产业和制造业居多，其财富多源于投资回报和企业所有权收益。

（5）生活方式：追求精神享受

高端消费品自存在起便被赋予“象征性消费”的意义，不仅代表拥有者的社会地位和实力，更代表深刻的文化和态度，因此也有了“奢侈品是一种生活方式”之说。

高端消费者追求的生活方式归结为以下几个方面。

无极主义：对美好生活的梦想与热爱生活的追求永无止境。每一次追求的结果都力求“最好的”，每一次追求的开始都是为了“更好的”。

完美主义：以精致生活为理想，不仅在整体基调上力求卓越超凡，而且在每个细节上无可挑剔。华美到美极，精致到极致。

精英主义：高端消费品的目标阶层是成功人士。拥有它是为凸显身份、不同凡响。而追求它和使用它，是为了获得品位脱俗和出类拔萃的心理和情感满足。

个性主义：最重要的精神价值就是个人的符号性主张。倡导独立意识和独创风格，彰显反对趋同的个性化和自我化，崇尚个性自由精神。

合和主义：以开放心态融合多元文化的精华，以人性的深刻理解创造共熔一炉的和谐。

现代主义：与时俱进地追求现代感，力求生活充满活力、朝气蓬勃。

经典主义：以一种人生理念塑造一种风格，力求一种相对的永恒经典。

人文主义：尊崇历经百年沉积的深厚文化内涵，以获得最高品味的精神享受与境界。

虽然这8点总结更偏向于出于社会顶端的上流社会的追求与宣言，并不一定立刻体现在广大追求财富或追随高端消费时尚的人群身上，但这正是高端消费品牌一直以来孜孜不倦想要传递给消费者的观念。高端消费者所追求的乃是财富之上的精神和态度。而这也是他们是否认同某个品牌的重要原因。

（6）爱好兴趣：休闲与投资

他们多为大型企业或者政府部门的高级管理者，通常工作压力很大，放松自己的方式是沉醉于自己的兴趣爱好。

高端消费者的假期有丰富多彩的娱乐休闲活动，会花更多时间进行户外活动、参加体育运动、到健身房健身，旅游度假、游泳、打高尔夫球、阅读是他们最青睐的休闲方式，也有部分人选择有较高风险和挑战型的攀岩活动。他们也经常和家人一起外出就餐。

数据显示，与工作相比，更多的商务人士愿意把时间花费在享受生活上，且其享受生活的方式开始回归传统化，对书法、绘画、品茶、钓鱼等传统的休闲活动更加青睐，尤其是高级商务人士更加明显。

在体育运动方面，他们最爱的还是高尔夫。休闲方式上，男女富豪存在一定差异。运动项目上，男富豪喜欢打高尔夫球，女富豪更喜欢游泳。国内旅游目的地女富豪偏爱香港，男富豪更喜欢三亚。地域方面，一二线城市在休闲方式上也存在明显的差异。一线城市富豪喜欢在休闲时间游泳，而二三线城市富豪喜欢品茶。一线城市富豪喜欢龙井，二三线城市富豪喜欢铁观音。

在个人投资方向上，房地产还是占据主导地位，超过 1/3 的受访富豪选择了投资房地产，这一比例在近几年都有所增长。亿万富豪还会选择投资四合院或老洋房；选择投资股票的富豪只有 25%。

此外，选择投资艺术品和非上市公司的富豪上升最快。在进行投资和家庭的长远规划时，高端女性更多地放眼海外，收入越高对海外的倾向度越高。其中家庭年收入在 100 万元以上的高端女性在海外购置房产的比例高达 9.2%，在海外创办公司的比例也达到了 2.1%。

在收藏方面，喜欢收藏手表、珠宝和古代字画的富豪居多，此外，富豪对酒的收藏已经超过了汽车。在收藏途径方面，超过七成的富豪选择自行购买，两成的富豪选择通过拍卖行购买；此外，选择通过经纪和委托代理的方式购买的富豪比前几年有所增加。

地域方面，一线城市富豪明显在汽车、手表上花费更多，而二三线城市富豪则喜欢古代字画和瓷器。

有趣的是，与居住在较小城市的富裕消费者相比，居住在四个最大城市（上海、北京、广州和深圳）的富裕消费者在储蓄上的态度更为保守。

（7）消费特征：消费观念日趋成熟

与国外的富裕消费者相比，中国的高端消费人群在购买高端产品（包括奢侈品）时，看重其明显的品牌标志及功能性价值（如质量、材料、设计或工艺），以展示拥有者的财富与品位。

而发达国家的消费者更看重其情感价值。例如，与自身价值观相匹配的品牌理念与品牌文化。当然，这一现象随着中国高端消费市场的发展而慢慢改变，高端消费人群的消费观念日趋成熟和理性。

研究显示，中国的富裕消费者与其他消费者有较大的不同，在消费态度和消费行为上的差别尤其明显。

他们更信任外国品牌，他们最青睐的高端品牌大部分来自欧美，比如轩尼诗、芝华士、卡地亚、江诗丹顿、宾利、劳斯莱斯、PRINCESS、大卫杜夫、乔治·阿玛尼、IBM、苹果等，中国的高端品牌在他们心中只有国酒、国内航空、酒店、高尔夫球场、EMBA 等领域才有一席之地。

他们更愿意尝试新技术，经常接触国际时尚。高端消费者希望从高端消费品上寻找与众不同的感觉，他们看中独特的高质量和精湛工艺，用以提高自己的生活品质和身份气质。

高端消费者也更愿意借贷消费，同时，对银行卡的使用范围、操作的简便性以及信用卡额度提出了较高的要求。他们所使用的国内高端信用卡有：建设银行钻石信用卡、中国银行长城国际白金卡、广发银行白金卡、中信银行 Star 双币白金卡、浦发银行白金卡、工商银行牡丹白金卡、招商银行白金卡、光大银行高尔夫白金卡、兴业银行白金卡、民生银行钻石信用卡等。

但是，高端消费者内部也具有明显的消费心理差异。以消费观念来说，较理性成熟的消费观念更多出现在一线城市或年龄较大的高端消费者身上，而内地二三线城市的消费者更多停留在追求名牌、炫耀性消费的层面。对于不同消费者细分群体的消费心理及其他差异，本书将在后面进行详细描述。

（8）媒介接触：电视与户外的重要性

与所有中国消费者一样，富裕群体也花大量时间看电视：77%的富裕消费者有此爱好——在列举的所有活动中，看电视的比例最高。

但是，高端消费者对电视的接触也不同于主流消费者。在一天忙碌的生活中，电视只能占很小一部分时间。主要原因有以下两点。

一是没有时间。高端消费者中有很大一部分是企业的中高级管理者或者高级专业技术人员，工作时间不规律，频繁加班、应酬，私人时间较少。有休闲的时间更多地选择旅游、健身这样的放松方式，这些都无形地压缩了高端消费者看电视的时间。

二是没有精力。工作压力加上休息时间的减少，这些企业人士很少再有精力看电视。

相比较而言，他们对财经和体育节目更感兴趣。对于成功人士的访谈，尤其是在深夜时段的播放的节目，是比较受他们欢迎的。有时候他们也会因为陪伴家人而抽出时间花在电视机前。

高端女性消费者对电视具有很高的热情。在五大媒体（报纸、广播、电视、杂志、互联网）中，电视在女性高端消费者中的日到达率是最高的。在节目收看上表现出很明显的女性特征，即对娱乐新闻、时尚类资讯、综艺类节目以及电视剧频道表现出明显的偏好。

高端女性在接触这些媒体的时候并不是作为一个旁观者被动地接受媒体传播的信息，而是主动地参与到与媒体的互动和内容的制作中来。以电视为例，有近20%的高端女性以各种方式参与过电视节目，近一半的高端女性希望能有机会参与电视节目，越是年轻、高端女性的参与热情就越高。

此外，富裕消费者们花在浏览互联网上的时间要比其他收入水平群体的成员长得多。商务人士对互联网的日到达率逐年上升，甚至超过了报纸媒体，且对手机上网、手机电视、手机报等无线/新媒体的应用也呈现快速增长的势头。

在一二线大城市，高端消费者每天上班的第一时间通常是开电脑查收邮件。他们也利用 QQ、MSN 联系工作伙伴，商讨工作事宜。他们对互联网的利用还包括通过网络浏览新闻，关注财经、金融、证券信息以及专业相关领域的资讯。

同时，与其他消费者相比，富裕消费者还会花更多时间进行户外活动、参加体育运动、到健身房健身，以及外出聚餐吃饭。

因此，电视仍然是影响富裕消费者的重要媒介，而互联网广告、博客以及其他在线渠道对富裕消费者的影响力可能比对其他消费者更大。而户外媒体，尤其是机场媒体也是不可忽视的，因为高端消费者要花费大量时间走出家门、外出活动以及飞翔于世界各地。

2. 顾客的消费动机

顾客的消费动机是指客人在消费过程中所存在的心理特点。品牌销售者应该充分掌握顾客的消费心理，才能提高销售的成功率。

一般来说，客人的消费心理有实用心理、安全心理、廉价心理、方便心理、审美心理、时尚心理、占有心理、自我表现心理等。这些消费心理是通过不同类型的顾客表现出来的。

服务人员不仅要掌握客人的这种心理，还要掌握客人其他的消费心理，以便于根据实际情况来决定做法。下面逐一进行介绍。

（1）实用心理

这是顾客最基本的消费心理，是为了满足顾客的基本需要，也就是注重企业产品自身的使用价值。著名心理学家马斯洛说过，人类最低层次的需要是生理需要，即要满足人类生存基本需要的吃、穿、住、用、行，然后才能追求更高的层次。可以说人的大部分精力都是放在基本的生理需要上的，所以追求实用也是顾客最为常见的消费心理。

（2）安全心理

人们在基本的生理需要得到满足之后，便会追求更高的层次，比如酒店产品的安全性。顾客在选择酒店消费时，会注重该酒店产品会不会给其本人或家庭带来安全感，或者说可不可以避免不安全的威胁。这种安全心理在酒店消费领域表现得比较突出。

（3）物美价廉心理

物美价廉是顾客对产品所追求的目标，也是最为普通、最为常见的消费心理。在这种消费心理的作用下，顾客在消费过程中对产品的价格反应比较敏感。在选择同一类新产品时，如果彼此的质量相差不大，客户往往会偏重于选择价格较低的商品。

（4）方便心理

现代生活的节奏不断加快，人们越来越注重时间的利用效率。在这种心理的支配下，人们会尽量购买给自己的家庭生活和工作带来方便的新产品，例如各种半成品的食物、饮料等，这都给人们在饮食方面带来了很多方便，满足了顾客的方便心理。

（5）审美心理

爱美之心，人皆有之，美能给人带来精神上的享受，给人带来愉悦感和满足感。那些美观大方的新产品会格外吸引顾客的眼球，勾起客户强烈的购买欲望。销售人员应该注意到顾客这一心理需求，有意展示自己新产品美的形象，以吸引顾客。

（6）时尚心理

追求流行时尚是现代消费者的一种消费心理，特别是对于青年消费者，这种心理表现得更为突出。这些消费者总是喜欢新产品，享受新服务，跟随流行时尚，即使价格高一点也不在乎，相反他们对于陈旧的、落后的东西不会很感兴趣。

（7）占有心理

有的消费者对一些商品并不是十分需要，只是觉得东西好，自己非常喜欢，想买来据为己有，这就是“占有心理”，这是人类的一种占有欲的表现。销售人员则可以利用顾客这一心理，让顾客喜欢自己的新产品，从而把东西买下来。

（8）自我表现心理

这是顾客需要得到他人的尊重、渴望在消费活动中表现自己以得到他人的恭维和赞美来满足自己的一种心理。在消费活动中，听到销售人员对自己的恭维和赞美，顾客会觉得很有成就感，得到心理上的满足。而销售人员则可以利用顾客的这一心理，尊重顾客，或者有意地迎合顾客，让顾客愿意买你的东西。

第三节　消费心理大不同

中国的高端消费者不仅在整体特征上与其他国家的高端消费者、国内其他消费群体存在较大差异，他们本身庞大的数量也已经发展到了足够进行内部群体细分的程度。

依据高端消费者的消费心理，可从消费行为本身将他们划分为四类：低调务实型、奢华型、时尚型、未富先奢型，其中，未富先奢型消费者是在消费水平未达到富裕的情况下进行高端消费的消费者。

1. 低调务实型

这一类多为商务精英。以男性为主，年龄在35岁以上；已婚者居多；在工作上，大部分人已经达到了事业的高峰期，是国内大公司或者是政府机构的高层管理人员。人际交往广泛，通常有自己志同道合的朋友圈。

他们拥有非常高的个人收入，这些人相比其他高端消费品的消费者层次更高，是高端消费品的核心买家。他们的高端消费品支出占家庭收入的比例较高，甚至可能将收入的20%用于高端消费品的购买。

因为购买高端消费品不是一朝一夕了，他们通常对其有着自己比较独特的看法和品位。当其他消费者只是刚刚开始购买高端消费品的时候，他们已经开始体验高端消费品，甚至开始转向一些更加小众的产品。

豪华、名气并不是他们选择的主要理由。务实是这一类消费者的显著特征。高端产品是否满足个人的品位，是否带给个人舒适愉悦的精神享受，成为了这一类消费者选择的主要因素。

例如，很多人在出国旅行的住店选择上，并不会选择五星级的豪华酒店，而是选择更有历史感、有故事的特色小旅馆。他们更加看重物有所值，并且希望与家人一起享受。

与品牌相比，他们更看重高端消费品的质量。他们也会被质量好、有特色的本土品牌吸引，但他们坚决反对水货、假货以及“山寨”外国品牌的本土品牌。

同时，低调的他们在购买高端消费品的时候，并不希望张扬。

他们不喜欢露富，很多人甚至刻意回避带有较大 logo 或者具有明显款型的高端产品。他们追求的是高端产品带给自己的舒适满意程度，而不是通过品牌商标显示自己的地位或者区分自己与普通人。他们选择的高端消费品通常别致、品位、低调，但富含设计感。

新兴行业的兴起，使得一批高素质、有学识和修养的人群加入了低调务实型的高端消费品消费大军。他们将自己定位为成功人士，言谈举止更加自律，关于高端产品的消费要比一般消费者理智，懂得高端消费的真正方式。他们选择的高端品牌逐步与国际流行趋同。

（1）人物描摹：

姓名：Z 先生；

年龄：35；

学历：正在某大学读 EMBA；

工作：自由投资人，从事日化品代理工作十多年；

年薪：30 万元；

婚姻：已婚，刚育有一子；

房产：1 套。

（2）经典语录：如果品牌要在我身上贴标签的话，我会想办法把它剪掉。

（3）第一印象：水红衬衫，白西裤，睿智内敛。

（4）自我评价：成功、智慧、无我。

（5）自我定位：新贵。

（6）他眼中的成功：成功是一种生活方式。有愿望，坚定信念地去做，实现之后把这份喜悦跟大家分享，这就是成功。

（7）爱好：不算爱好，近年来一直借禅修来获得心灵的平静。

（8）品牌观：高端品牌的东西，第一是需要，第二是能让自己感兴趣。

（9）品牌偏好：啤酒——喜力（有一种特别的苦味）；

洗面奶——碧欧泉（天然）；

汽车——本田雅阁；

电视——三星；

空调、冰箱——LG；

信用卡——建行（主要）、招行、中信。

2. 奢华型

奢华型的高端消费者存在“炫耀性消费”的心理。这一类型的高端消费者由来已久，可以说是早期高端消费者的形象。在20世纪80年代中期、90年代初期，中国高端消费品的很大一个功能就是“炫富”，他们被描述为“戴着拇指粗金链子、全身挂满珠宝首饰、开丰田车、系金利来领带、喝人头马、吃龙虾的暴发户”。

当前，奢华型消费者由一系列人群组成，他们包括暴发户、高级管理人员或高级专业人员、社会新贵和部分富二代。大多是新近成功的精英人士，对待未来相当乐观，生活态度积极正面。但可能正是因为财富带来的突然性，以及财富与身份的落差感，通过购买高端消费品找寻身份的认同感，是他们的普遍心理。例如，他们通过买浪琴的手表、LV的包包区隔自己，彰显自己的身份。就算是使用纸巾，他们也会选择品诺来体现自己的身份。

他们通常年龄要小于低调务实型的高端消费者。年轻，因此财富积累不如低调务实型，但这个群体的特点在于他们愿意以较大比例的个人收入投入在高端消费品上。

他们消费高端产品时更看重大品牌。他们的消费习惯是倾向于购买自己能买起的最贵的东西来满足自己的追求。

这一类消费者喜欢享受生活，具有探索和冒险的精神，总是最早一批使用新科技、新产品的人。他们崇尚时尚和潮流，比其他高端消费者更加青睐国外的品牌。购物的时候也不太谨慎。对自己心仪的高端消费品很少犹豫，购买前的思考时间较短，通常经不起诱惑。

奢华型的高端消费者也会随着时间逐步成熟，能够更加理性地消费，他们中的部分人会向低调务实型转变。主要原因有两个：一是开始思考自己的生活方式、消费方式，理解赚钱不易的道理；二是高端消费到一定程度，对这一类产品开始熟悉，并形成自己的品位和独到的见解，学习到了高端消费的方式。

（1）人物描摹：

姓名：L 女士；

年龄：41；

学历：工商管理硕士，在加拿大留学；

工作：国际著名广告公司工作，专业于市场营销传播领域十八年，先后在客户服务及传播策略策划领域积累了丰富的专业经验；

年薪：>30 万元；

婚姻：已婚，刚育有一子；

房产：≥2 套。

（2）经典语录：不是好品牌我不用。

（3）第一印象：Adidas 运动装，黄色短袖白五分运动裤，笑容亲切可掬。

（4）自我评价：正直、善良、乐于助人。

（5）自我定位：社会精英、高级白领、知识英才。

（6）她眼中的成功：主流价值观还是向钱看，但也出现了关注心灵修养的东西。追求物质到了极端，社会不得不去考虑精神方面的需求。

（7）爱好：熟知年轻人常用的网站，还注册了新浪微博，“给力”“浮云”这类流行词汇都能随手拈来。有着开放的心态，用她自己的话形容就是 open（开放），能够保持一颗年轻人的心。

对于网购这样的新鲜形式她毫不排斥，不但网购，甚至经常网购，网购的目的是节约出门的时间，而且还能找到适宜的价格。

（8）品牌观：一定价位的品牌代表一定的品质，还有品牌的价值观在里面。

首先要看品牌的价值观和自己的价值观是否相匹配。一个老是造假、谋取暴利的品牌，她肯定不会选择，即使性价比很高也一样。而且品牌还是要和一个人的收入水平相匹配，什么样的收入选择什么档次的品牌。

（9）品牌偏好：服装——设计感强的品牌衣服，比如 Zara（哪怕它的一些款式是模仿的），佐丹奴 ladies。即使是高端品牌，如果太老气，她也不会买；

运动服——阿迪达斯，但更喜欢耐克；

化妆品——欧美系的，比如雅诗兰黛、娇兰、香奈儿；

香水——只用香奈儿；

水晶——只选择施华洛世奇，无论自己买还是送人，都只认准这个牌子；

电视——夏普（液晶最好）；

冰箱——夏普；

空调——三菱电机；

洗衣机——西门子；

抽油烟机——樱花；

卫浴——科勒；

数码相机——佳能；

电脑——只认准实用的IBM，不为苹果的潮流所动。

3. 时尚型

这一类高端消费者决定了时尚的趋势，他们又分为两类：时尚引领者和时尚狂热者。

时尚引领者是居于社会顶层的高端消费者，通常是社会名流、明星、富豪……他们较多居住在一线城市，收入水平高于一般的高端消费者。他们塑造和强化了高端消费品处于社会金字塔顶尖的品牌消费者形象，从而对其他社会阶层形成“上行下效”的拉动作用。

他们的职业或社会地位本身受人关注，且通常具有较强的领导能力，是人群中的焦点人物。与其他类型的高端消费者相比，他们更关注身份、地位、权威性和关注度。这一类人喜欢享受生活，但也喜欢生活中的变化与挑战。

和低调务实型的高端消费者不同，注重时尚的他们非常关注品牌和最新的时尚潮流。为了维持身份、地位带来的尊荣感，他们愿意在高端产品上花大量的钱。但又不同于炫耀奢华型的高端消费者，他们并不是通过品牌来追求身份的认同，而是通过高端产品的装饰获得更多的关注、维持与身份相匹配的形象。他们并不追求华而不实的东西，但他们在意周围人赞许的眼神。高端消费品于他们就是身份、地位、权力的具体表现，或者说，是一种享受。

时尚引领者中还有一类比较特殊的群体——文化精英，他们往往是社会的“意见领袖”，可能是作家、公众知识分子、书法家、画家、音乐家等。他们收入低于一般的富裕阶层，男性居多，喜欢低调精致的高端产品，对高端产品有特定的偏好。但由于本身对相关群体的影响力，他们同样会成为小众的时尚潮流引领者。

时尚狂热者不一定富裕，但由于通常是时尚潮流的膜拜者，因此愿意花钱紧跟时代的潮流。有数据显示，这类群体愿意把40%的家庭收入花在奢侈品消费上，这一比例是其他群体的两倍多。

他们对时尚非常敏感，愿意花大量的时间收集时尚讯息。他们的购物过程相对复杂。

在购物前通常很有计划，会花时间上网浏览资讯、看时尚类杂志、观察明星社会名流的品牌爱好，甚至会到专卖店实地考察，享受浏览专柜、逛商店带给他们的愉悦感。他们有志同道合的交流圈，购物前互相交流。数据显示，在购买手袋的时候，59%的时尚狂热者会从三个以上的渠道寻找产品信息。

同时，他们也是喜欢分享的群体。在购物后，会将自己的购买的产品分享在网上，也会与他人交流购买经验，给别人提建议。因此，他们对其他消费者也具有一定的影响力。

他们的品牌主见并不强，还没有形成自己的品牌个性和品位，因此他们喜欢听从别人的建议，特别喜欢模仿时尚引领者的消费喜好。

（1）人物描摹：

姓名：T小姐；

年龄：34；

学历：本科；

工作：外企，曾经做过国际4A广告公司的客户总监；

年薪：35万元；

婚姻：未婚；

房产：≥1套。

（2）经典语录：女孩子要有一个香奈儿的2.55手袋和一只卡地亚的手表。

（3）第一印象：手持HTC超宽屏手机、背着香奈儿小手袋，外表很潮流。

一年高端消费支出：十几万元。

（4）自我评价：敏感、矛盾。

（5）自我定位；高级白领。因为社会精英应该是对社会有一定贡献的，她认为，目前自己的贡献只是对家里，还不能算是社会精英。

（6）她眼中的成功：成功难免会跟市场经济的价值联系在一起，多多少少跟个人财富有关系。但财富没办法用一个标准去衡量，只要能够不去做自己不喜欢的事情就OK。

（7）爱好：旅游，有时候是去购物，有时候是去玩乐。一方面她可以以更优惠的价格买到喜欢的东西，另一方面她可以看到不同的人，了解各国风土民情。每年至少会去欧洲一次，她喜欢欧洲人的慢生活，喜欢他们的金钱观，喜欢他们到点下班和与家人在一起的生活方式。她也很喜欢去热带旅游，比如泰国。

对音乐敏感，有很多很多自己喜欢的音乐。

运动选择瑜伽、游泳，但都不是做得很勤。

关注美容，每年都会去固定的美容院做保养。对皮肤不好的事情她都不做。

不喜欢看时尚类的电视节目。她觉得那些节目都没什么营养，整天说衣服怎么穿，头发怎么弄，她觉得烦。

（8）品牌观：品牌是质量的保证；品牌也是工作、社交必要的东西。

（9）品牌偏好：

服装——一线大牌，比如 LV、香奈儿；

浴缸——奥金按摩浴缸；

热水器——博世；

家电——基本认定行业领先者，而不考虑价格，比如现在正使用的空调是三菱电机的，正考虑换个西门子的冰箱；

喜欢听 iPod touch 里的音乐，但不喜欢 iPad；

汽车——不爱跑车，觉得跑车像八爪鱼一般的外形很可笑，当前的车是别克君威，理想品牌是沉稳男士青睐的沃尔沃。

4. 未富先奢型

对高端消费品的喜爱已不仅仅局限在有消费能力的人群中。甚至以往看来不属于其目标客户的消费者都掀起了购买热潮。这是除了富裕阶层之外，高端消费的又一市场。

在中国 1300 万上层中产阶层家庭（年收入 10 万 ~20 万元人民币，相当于 15000 ~ 30000 美元）中有许多人省吃俭用就是为了购买名牌手表、箱包、首饰、服装等高端消费品。过去曾是富裕阶层专享的高档商品或高档服务，已经成为了部分中产阶层趋之若鹜的对象。

即使是普通的白领阶层，月收入在5000～10000元，他们也会花上数月工资，甚至不惜透支信用卡来购买一件高端消费品。其中以外企公司的雇员最为典型。

他们一般是企业的中层管理者，许多居住于二三线城市，经济情况只能允许他们偶尔挥霍。而且他们会因为要攒钱购买某个高端消费品而压缩其他方面的开销。

总的来说，他们购买高端消费品的频次不如富裕阶层，但他们数量庞大，是中国收入结构的主力军，正处于财富上升期，他们迫切期望早日进入富裕阶级，受到身份、地位的认同，因此对高端品牌有强烈的消费欲望。以奢侈品为例，这类消费者占有奢侈品市场10%的份额，但人数占到总人数的51%。预计到2015年，这一数字将上升到61%。

因为每一次高端消费都可能花费他们几个月的收入，他们在购买高端消费品时更加谨慎，购买前的思考时间也比较长，可能会花上两三个月的时间收集网评、打听口碑，才做出购买决定。他们关注高端消费配对价格，并且对高端产品有着自己的一套消费哲学。他们能说出在哪里购买高端消费品更加合算，能计算出内地和中国香港更适合购买哪一类型的高端产品。

这一群体还在不断扩大，高端消费品平民化正在成为一种潮流，连普通的上班族都已经拥有或者努力攒钱梦想未来拥有一两件高端消费品。

第二章 品牌资产：打造高端品牌

消费者不会对品牌进行细致入微的全面评估，只会利用判断信号将品牌与某类产品联系起来。

比如，某一个产品的品牌知名度高，消费者往往将其与质量好联系起来。这时，质量信号就会起到作用，例如立体声扬声器的大小、汽车关门的声音、番茄汁的浓度、产品的价格等。

第一节　品牌资产

品牌是人们对一个企业及其产品、售后服务、文化价值的一种评价和认知，是一种信任。

品牌已是一种商品综合品质的体现和代表，当人们想到某一品牌的同时总会和时尚、文化、价值联想到一起，企业在创品牌时不断地创造时尚，培育文化，随着企业的做强做大，不断从低附加值向高附加值升级，向产品开发优势、产品质量优势、文化创新优势的高层次转变。当品牌文化被市场认可并接受后，品牌才产生其市场价值。

品牌是制造商或经销商加在商品上的标志。它由名称、名词、符号、象征、设计或它们的组合构成。一般包括两个部分：品牌名称和品牌标志。

我们知道，品牌就像一个人的名字，是帮助外人识别自己，并与其他同类相区分的东西。品牌一点也不神秘，可以说，任何一个企业从它诞生之日起就自然地拥有了品牌。但是，并不是每一个品牌都是高端品牌。打个比方，歌手很多，但是能成为歌星的却是少数。

品牌随着认知度的提高会越发获得人们的认可，并由此得到相应的价值回报。品牌越深入人心，其价值也就获得愈加持久的散发。无形价值的提升是品牌建设的题中之义，也是品牌建设最重要的成效。

1. 品牌资产的含义

在本质上，品牌是一个营销概念。品牌是通过产品、附加值、承诺和识别与顾客建立起的一种关系。它可以通过品牌视觉符号、产品和服务、品牌附加值以及品牌承诺四个角度加以诠释。

下面，我们就从这四个不同的角度分别做出分析。

（1）品牌视觉符号

品牌是一种视觉符号，企业标志和标识语等经过宣传后称为品牌的一部分，但并不是品牌的全部。企业标志和标识语可以随着企业的发展而重新更换，但品牌的价值却不断累积。比如宝洁，宝洁公司及其旗下各品牌取得的巨大成功使得品牌的概念深入人心。

（2）产品和服务

产品（服务）是品牌构成的核心和基础，但仅有产品品质或者优质服务并不等于就有了品牌，产品（服务）只是品牌价值构成的基本功能性要素。

品牌价值最高的是可口可乐，你说它有多少技术含量？

有人说它有技术含量，有一个别人都不知道的秘密配方，在保险柜里锁着，过了100年了，现在不到五个人知道。大家想一百年前一个药剂师，一不小心将两种药错配在一起而产生的一种产品，能有多神秘？凭现在的科技能不知其配方吗？

即使可口可乐有一个秘方，是不是秘方就是最好的饮料配方？另一家企业可能生产一种饮料比其还好喝，或者我说我掌握了这个秘方，别人相信吗？那个秘方到底有多神奇？其实，最重要的是通过宣传，大家都相信了可口可乐有一个秘方很神奇。

可口可乐最大的成功在于品牌运作得好。

可口可乐的制造商、品牌商和罐装企业是分开的。可口可乐自己是不罐装的，是销售商来生产。可口可乐就是运作品牌，另一个就是掌握母液，就是可口可乐的原浆。就让顾客不知道里面是什么。没人知道里面是什么，其实里面是什么都不重要，重要的是可口可乐已经把品牌做出来了，人们都接受了这个品牌。

（3）品牌附加值

品牌是一种高于产品的附加值，它包含情感、文化的东西。客户通过使用具有品牌价值的产品（服务）可以表达其个人价值主张或个人形象的社会价值。

比如，看到奔驰，你会想到它是身份和地位的象征，这就是高端品牌赋予产品的文化和价值。

（4）品牌承诺

品牌承诺是一种无形的契约关系，是企业对客户的最终承诺，它代表了持久的客户信赖关系。

比如海尔品牌，海尔的产品质量以及海尔的服务口号“真诚到永远”，都赢得了客户的信赖。这就是品牌给消费者的承诺。

品牌，尤其是高端品牌、强势品牌，具有许多不同种类的联想，因此，营销者必须在制定营销决策时考虑周到，否则，公司会深受其害，付出惨重代价。全面的营销方案不仅有利于顾客对品牌的理解，还能帮助顾客理解如何评估品牌。

2. 品牌的价值

越来越多的人在消费时，会趋向于选择高端品牌，因为其质量和服务更有保证。而越来越多的公司也认识到，最有价值的资产之一是与各种产品和服务相关联的品牌。这就使得品牌成为了人们关注的焦点。

举个简单的例子来说明一下。一台空调，本来制造成本仅需 800 元，但一贴上“两个小孩”（海尔的标志），它就可以卖到 2000 多元。再比如，假如生产一双鞋子的成本是 90 元，但是它一旦打上一个勾（耐克的标志）或者三杠（阿迪达斯的标志），它的“身价”立马会升到几百元甚至上千元。

这是为什么呢？为什么同样的产品贴上不同的标志，价格会截然不同？这实际上就是我们所说的品牌价值。

高端品牌始终将消费者的感受（或者体验）放到最重要的位置。

三星为了创建“酷品牌”，定期和调研公司对顾客的生活进行跟踪分析，了解顾客的需求并回应他们的反应，将顾客与品牌的关系从强到弱分为 13 层不同类型的“顾客—品牌”模型。

未来，每个行业要面对的问题各有不同，比如汽车业、服务业、日化业等，要解决的专业问题也大相径庭，但是，各产业只有一个共同的无法回避的挑战——打造品牌。打造品牌的能力是解决产业升级的关键所在，这种能力在未来很长时间内还有不断成长的空间，也是企业最具有竞争力的武器。

一个企业没有品牌会怎么样呢？

假如你们公司开发了一种新产品，为了推广该产品，你们公司聘请了很多销售员去推销。结果会怎么样呢？结果很可能出现这样的情形：销售员打陌生拜访电话时，很多顾客可能会说："这个产品我没听说，你们公司我更加闻所未闻……"然后"砰"的一声挂掉电话。而那些一头冲向市场、上门推销的销售员，则垂头丧气地回到公司对你说："老板，顾客没听说过我们的产品，所以业绩不好。"

为什么会出现这种状况呢？原因很简单，你的企业和产品在市场没有知名度，所以不被顾客接受。最后，销售员没有完成业绩，而你付给销售员的工资都打水漂了。

如果你的企业和产品在市场上有一定知名度，结果则是截然不同的。如果你把资金更多地投入到打造品牌上，让顾客对你的产品有较高的认可度，那么你公司的销售员就可轻松地把产品卖出去，你企业的业绩也就可以翻一番了。

其实，打造品牌就是行销的一种手段，它可以让你花最少的钱，赚最多的钱；让你花最小的力气，做最多的事情。所以说，消费者没有听说过你们公司或者产品，那是你的行销工作没做好。你的品牌有没有无处不在，你的企业文化有没有深入人心，决定了你推销东西的时候是否更省力、赚更多钱。

如果你拿名片给潜在客户，客户说没有听说过你们公司，这样卖东西很费力，但如果潜在客户一看名片，就说他听说过你们公司，这样你卖起东西就会很省力。最好是连名片都不用拿出来，顾客就说知道你的公司。这就是有品牌与没有品牌的区别所在。

品牌资产的价值，在于以下几个方面。

（1）品牌是产品或企业核心价值的体现

品牌不仅可促进商品的销售，还可让顾客通过使用对商品产生好感，从而重复购买，不断宣传，形成对品牌的忠诚度。

有的企业为自己的品牌树立了良好的形象，赋予了美好的情感，或代表了一定的文化，使品牌及品牌产品在顾客心目中形成了美好的记忆，比如麦当劳，人们对于这个品牌会感到一种美国文化、快餐文化，会联想到质量、标准和卫生，也能由麦当劳品牌激起儿童在麦当劳餐厅里尽情欢乐的回忆。

（2）品牌是质量和信誉的保证

企业设计品牌、创立品牌、培养品牌的目的是希望能将品牌变为名牌，于是在产品质量上下功夫，在售后服务上做努力。

比如海尔，作为家电品牌，人们提到优质，就会联想到海尔家电的高质量、海尔的优质售后服务及海尔人为用户着想的动人画面。再如耐克，作为运动品牌的代表，其高科技的原料、高质量的产品为人们所共睹。耐克代表的是企业的信誉、产品的质量。

树品牌、创名牌是企业在市场竞争的条件下逐渐形成的共识，人们希望通过品牌对产品、企业加以区别，通过品牌扩展市场。品牌的创立、名牌的形成正好能帮助企业实现上述目的，使品牌成为企业强有力的竞争武器。

总之，品牌作为市场竞争的武器常常为企业带来意想不到的效果。

（3）品牌是识别商品的分辨器

品牌的建立是由于竞争的需要，在用来识别某个销售者的产品或服务的。品牌设计应具有独特性，有鲜明的个性特征，品牌的图案、文字等应与竞争对手的相区别，代表本企业的特点。通过品牌人们可以认知产品，并依据品牌选择购买。

比如，消费者购买汽车时有几种品牌选择：奔驰、沃尔沃、通用等。每种品牌汽车代表了不同的产品特性、不同的文化背景、不同的设计理念、不同的心理目标，顾客和用户便可根据自身的需要和产品特性进行选择。

（4）品牌是企业的“摇钱树”

品牌以质量取胜，品牌常常富有文化、情感内涵，所以品牌给产品增加了附加值。同时，品牌有一定的信任度、追随度，企业可以为品牌制定相对较高的价格，获得较高的利润。

品牌中的知名品牌在这一方面表现更为突出，如耐克运动鞋，比同等的李宁运动鞋、安踏运动鞋高出几百元。由此可见，品牌，特别是名牌可为企业带来较大的收益，而品牌作为无形资产，已获得了人们的认可。

第二节　品牌与商标

1. 品牌命名技巧

老子《道德经》曰："道可道，非常道。名可名，非常名。无名，万物之始；有名，万物之母。"可见一个好的命名对一个企业、一个品牌是何等的重要。品牌名称是一种特殊的无形资产，企业在好名称上的投资会产生累加效应，使品牌价值不断攀升。

给品牌起一个好名字就等于成功了一大半；平淡无奇的品牌名会让80%的客户难以记忆；好的品牌名应该像钩子一样钩住消费者的心；好的品牌名有助于产品在市场上的销售。

品牌命名绝对不只是字数多少，而是包含阅读习惯、是否顺口、避免闭口音词、避免歧义等诸多方面。

Sony的品牌经过全球的调查，其响亮和简单使传播极度方便，Panasonic的英文十分清爽，中文就直接叫"松下"。可口可乐虽然也是四个字，但是叫起来非常顺口。

纵观世界名牌，它们的名称既是各具特色，又遵循着共同的规则，同时还包容着诸多精彩的偶然创意，那么，究竟该如何为品牌命名呢？

（1）采用企业名称

企业采取公司名称同品牌名称一致的策略，其优点在于花一笔宣传费可以同时宣传公司形象，树立品牌形象。

诸如海尔、新飞、古井贡、双星、双汇等。此类命名的世界名牌有菲利浦电器、三洋电器及诸多汽车名牌等。

（2）适合产品特征

名称要立足于产品本身的功能、效应、成分、用途，使消费者能从中领会到该产品的功效。

“可口可乐”作为饮料名称非常贴切，暗示饮料有良好的口感，让人舒心快乐。

（3）突出品牌个性

品牌的取名只能是独一无二的。与别人重名，哪怕是巧合，都可能给产品日后的营销留下无穷后患，因此，要起别人想不到的绝名，以显示超凡脱俗的个性魅力。

“狗不理”包子、“张小泉”剪刀，若换成“天津”包子、“浙江”剪刀就会索然无味。

（4）迎合喜好心理

名称要表达出人们对美好生活和幸福未来的热爱与憧憬，表达出生产者对消费者万事如意、人寿年丰等良好祝愿。

“金利来”、“喜临门”、“福满全”、“吉百利”、“喜之郎”等品牌都是抓住了让消费者喜欢的心理。

（5）宜于启发想象

品牌的命名要赋予其一定的寓意，让消费者能从中得到愉快的联想。

国产的“狮”牌门锁，使人联想到用这把锁犹如一头狮子在看门，既安全又牢固。

“娃哈哈”是各种肤色的人欢笑、喜悦之情的共同表达方式，包含了一种健康和喜悦的寓意。

一言以蔽之，取这样的名称，可大大缩短消费者与商品之间的距离。

（6）适合发展需要

世界名牌一般都不是单一产品，大多数是系列产品。因此，在选择品牌名称时，要充分考虑到将来家族品牌的运用，避免过偏和缺乏弹性。

比如“味全”开始时用于味精，十分贴切，后来扩展至乳品、果汁、酱菜食品等也是恰如其分。

总而言之，命名不仅仅是一个简单的语言技巧问题，只有在对文化背景、民族心理、消费心理等方面进行深刻把握的基础上，才有可能找到一个令人称心如意的响亮名称。

宗庆后在创业早期，尽管波折不断，但最终都有惊无险地渡过了难关。1988 年的宗庆后已经从仅仅只有 3 个人的企业经理，到杭州宝灵儿童营养液公司的经理，公司开发出了自己的产品：一种儿童营养液。

产品有了，还需要给产品起个好的名字才行。但是宗庆后冥思苦想，还是想不出让自己满意的名字。

1988 年 6 月 16 日的《杭州日报》，一条大幅广告引起了很多人的注意：“一种高效能的儿童营养液，已在杭州保灵儿童食品厂试制成功，特向社会各界征集产品名称及商标图案……”

报纸上的这种有奖征名启事，如今大家早已司空见惯。而在二十年前，这可是一件夺人眼球的新鲜事。为新产品取名苦思冥想了很久的宗庆后，最终想出了这样一个“烧钱”的绝招。

创意看起来不错，但究竟会有多少人来应征，宗庆后心里其实根本没有底。对于这次破天荒的“大手大脚”，一直看着宗庆后苦心积攒企业家底的员工们既表现出了理解，又打心眼里感到担忧，毕竟付出去的广告费是实实在在的真金白银啊。

但是善于造势的宗庆后自有他的打算：一方面，如果能够通过有奖征名征集到合适的名称，那是再好不过；另一方面，即使征不到理想的名称，也不会让广告费白打水漂。因为，即将上市的新产品需要营造声势，而形式新颖的有奖征名无疑可以吸引社会各界的广泛注意，其广告效应不可小觑。

实际情况远远好于大家的预想。征名广告刊登后，迅速引起了社会各界的广泛关注。人们带着几分新鲜、几分好奇，关注起了这个即将诞生的产品，以及即将诞生的产品名称。一种神秘的儿童营养液，尚未面世就已经在人们的口中流传，这让宗庆后感到十分得意。

重赏之下必有勇夫。有机会为一个新产品命名，还能获得一笔不菲的奖金，这种名利双收的好事谁不想试试？杭州城里成千数百的才子文人纷纷闻风而动，他们的创作欲望被激发了起来。短短几天内，应征的信件就如雪片般飞来。到征名截止的那一天，一共收到了 200 多位应征者提交的数百条产品名称！

宗庆后大喜过望，立即部署手下，以最快的速度请来了一批行家里手，组成一个新产品名称专家评审小组，对这 200 多位应征者的作品逐一进行论证筛选。

会议室内，评审小组的专家们济济一堂，认真地聆听着工作人员一条一条地宣读应征的作品。工作人员每报出一个名称，都会引来一阵热烈的反响，大家你一言我一语，各抒己见，各执一词，有颔首的，有摇头的；有赞赏的，也有挑剔的……

宗庆后静静地坐在一边，手里夹着一支青烟袅袅的香烟，面无表情地倾听着大家的议论，并不发表任何意见。深知宗老大脾性的工作人员知道，这说明他对那些应征作品都不甚满意。也难怪，念了那么多条应征的名称，不是什么“精”啊、“灵”啊，就是什么“素”啊、“宝”啊，其中虽然也不乏文采洋溢、朗朗上口的作品，但总感觉个性不足、缺乏新意，达不到叫人耳目一新的效果。

实在没有让人感觉眼前一亮的名称啊。宗庆后的态度无形中影响到了大家，参加评审的专家们似乎有点气馁，会场的气氛渐渐变得沉闷起来。忽然，工作人员报出了一个听上去有点搞笑的名称：“娃哈哈。”话音刚落，自己先忍俊不禁地笑了起来。顿时，会场里爆发出一片哄笑声，几乎每一个在场的人都被这三个字逗乐了。在大家看来，这个应征者也实在是太有趣了，居然想出了这么个幼稚的名称。娃哈哈，这简直是三岁小孩在“过家家”，哪里像是一个营养液的名称啊，根本就是开玩笑嘛！

可是大家几乎都没有注意到，在一片嘻嘻哈哈的笑闹声中，宗庆后的眼睛里却有一道光亮闪了一下，紧锁的眉头随即舒展了开来。“娃哈哈？这个名字好！”他兴奋地把手中的香烟掐灭在了面前的烟灰缸中，用手轻轻拍了拍桌子道：“查一查，看看这个应征者的背景资料。”

会场里顿时变得鸦雀无声，那些精通文墨的专家们都睁大眼睛盯住了宗庆后，意外、惊讶、不解、迷惑……各种表情写满了脸上。工作人员赶紧翻看手中那叠厚厚的资料，口中喃喃地把应征者的情况读了出来：“应征人：朱松龄，工作单位及职务：上城区少年宫主任……”

哈哈，原来是老朱啊！宗庆后禁不住笑了。这位朱松龄宗庆后本来就认识，都是上城区教育系统的嘛，没想到朱主任竟是这样一位思路开阔、富有个性的人！宗庆后用毋庸置疑的口气说道：“好了，咱们不用再讨论了。娃哈哈，就用这个名字！”一锤定音。

但是在场的专家们还是充满了疑惑，有这么多应征作品，宗庆后怎么会偏偏相中了这样一个俗不可耐的名字呢？几位性子耿直的专家干脆当场表态：“这个名称太俗了，没有产品的特色，更不符合企业的形象。”

宗庆后自信地笑了笑，说出了他的想法：“我们要做的是一个新产品，这个产品的品牌必须一次打响，所以我们首先要考虑的是这个名称的新、奇、特，只要这个名称有冲击力，能吸引人注意，那就等于成功了一半。刚才我们的工作人员一报出这个名字，大家不是都哄堂大笑了？这就是效果，这就是冲击力。前面我们听了那么多名称，试问哪一个能有这样的效果？”

听这么一番解释，在座的各位专家情不自禁都频频地点起了头。

“再说了，‘娃哈哈’这个名称，也并没有各位想象的那样俗不可耐。我想各位都是专家，应该都比我清楚，这三个字，是出自一首著名的新疆儿歌，在我们的小学一年级音乐教材里就有这首儿歌。”说着，宗庆后情不自禁地轻声哼唱起来：“我们的祖国是花园，花园里花朵真鲜艳，灿烂的阳光照耀着我们，每个人的脸上笑开颜。娃哈哈，娃哈哈，每个人的脸上笑开颜！”

“这是几乎每个孩子都会唱的歌词。我们的产品是针对少年儿童的，用他们熟悉和喜爱的歌词来命名产品，肯定会有一种无形的亲和力。而且‘娃哈哈’三个字都是开口音，是孩子们天生就能掌握的发音，既朗朗上口，又很好记忆，就连婴儿都能冲口喊出来，我想孩子们一定会喜欢的。”宗庆后越说越带劲：“我们搞儿童营养液干什么？家长买儿童营养液又为什么？不都是为了让孩子们能够像开心娃娃一样笑哈哈！”

其实，宗庆后选中“娃哈哈”，还有一个不太好明说的理由，那就是他对这个名字有种一见钟情的感觉。表面上他是一个很理性的人，可骨子里他却是非常感性的，把无神论者毛泽东奉为偶像的他，又是特别地相信风水、相信直觉，甚至笃信测字。当他听到工作人员念出“娃哈哈”三个字的时候，就感觉这名字与自己有着一种难以言表的天然缘分。

2. 商标与品牌的不同

商标与品牌是两个不同的概念，但是极易混淆。很多人把这两个术语混用、通用。甚至错误地认为标注了商标的符号就成为了一个品牌。

事实上，两者是既有联系，又有区别。

中国是商标大国，却是品牌弱国，全球最有价值的100个品牌，中国品牌屈指可数。可见，商标与品牌并不能够画等号。

其实，注册商标要成为一个知名的品牌，要经历一个艰辛漫长的过程。如果把品牌比作一个巨大的冰山，商标只是冰山露出水面的一小部分。

商标是品牌的一个组成部分，它只是品牌的标志和名称，便于消费者记忆识别。但品牌有着更丰厚的内涵，品牌不仅仅是一个标志和名称，更蕴含着生动的精神文化层面的内容，品牌体现着人的价值观，象征着人的身份，抒发着人的情怀。

例如，可口可乐的品牌内涵远不止是“可口可乐”这几个字构成的标志和名称，它体现着美国几代人“乐观向上”的美国文化。

奔驰则象征着拥有者的“成功和地位”。

品牌起名字和标志设计只是品牌建立的第一步骤，真正打造一个卓越品牌，还要进行品牌调研诊断、品牌规划定位、品牌传播推广、品牌调整评估等各项工作，还需要提高品牌的知名度、美誉度、忠诚度，积累品牌资产，并且年复一年，持之以恒，坚持自己的品牌定位，信守对消费者所做的承诺，使品牌形象深入人心，历久不衰。

商标和品牌都是商品的标记，商标是一个法律名词，而品牌是一个经济名词。品牌只有打动消费者的内心，才能产生市场经济效益，同时品牌只有根据《商标法》登记注册后才能成为注册商标，才能受到法律的保护，避免其他任何个人或企业的侵权模仿使用。

商标掌握在注册人手中，而品牌则植根于消费者心中。商标的所有权是掌握在注册人手中的，商标注册人可以转让、许可自己的商标，可以通过法律手段打击别人侵权使用自己的商标。但品牌则植根于广大消费者心中，品牌巨大的价值及市场感召力是来源于消费者对品牌的信任、偏好和忠诚，如果一个品牌失去信誉，失去消费者的信任，品牌则一文不值。

例如，秦池、春都就是因为产品质量问题失去了消费者的信任，虽然风光一时，但最终难逃很快覆灭的厄运。

所以说，品牌经营实质上是企业在消费者心中不断存下去的、未来可以顺利拿回来的一大笔信誉存款，是建设一座“立于现在、功于未来”的商业信用宝库。

3. 品牌效益与设计

建立品牌的最终目的就是希望此品牌能够成为名牌、高端品牌，于是，企业在产品质量上下功夫，在售后服务上做努力。

同时品牌代表企业，企业从长远发展的角度必须从产品质量上下功夫，于是品牌，特别是知名品牌就代表了一类产品的质量档次，代表了企业的信誉。

那么，怎样设计一个品牌呢?

（1）造型美观，构思新颖。这样的品牌不仅能够给人一种美的享受，而且能使顾客产生信任感。

（2）能表现出企业或产品特色。

（3）简单明显。品牌所使用的文字、图案、符号都不应该冗长、繁复，应力求简洁，给人以集中的印象。

（4）符合传统文化，为公众喜闻乐见。设计品牌名称和标志应特别注意各地区、各民族的风俗习惯、心理特征，尊重当地传统文化，切勿触犯禁忌，尤其是设计涉外商品的品牌时更要注意。

第三节　品牌忠诚度

品牌忠诚度，是指消费者在购买决策中多次表现出来对某个品牌有偏向性的、而非随意的行为反应。它是一种行为过程，也是一种心理（决策和评估）过程。

对于一个企业来说，扩大市场份额需要做出品牌。

1. 品牌忠诚度的构成

品牌忠诚度是品牌价值的核心。它由五级构成。

（1）无品牌忠诚者

这一层消费者会不断更换品牌，对品牌没有认同，对价格非常敏感。哪个价格低就选哪个，许多低值易耗品、同质化行业的产品和习惯性消费品都没有什么忠诚品牌。

（2）习惯购买者

这一层消费者忠于某一品牌或某几种品牌，有固定的消费习惯和偏好，购买时心中有数，目标明确。如果竞争者有明显的诱因，如价格优惠、广告宣传、独特包装、销售促进等方式鼓励消费者试用，那么让其购买或续购某一产品，消费者就会进行品牌转换，购买其他品牌。

（3）满意购买者

这一层的消费者对原有消费者的品牌已经相当满意，而且已经产生了品牌转换风险忧虑，也就是说购买另一款新的品牌会有风险，会有效益的风险、适应上的风险等。

（4）情感购买者

这一层的消费者对品牌已经有一种爱和情感，某些品牌是他们情感与心灵的依托，如一些消费者天天用中华牙膏、雕牌肥皂，一些小朋友天天喝娃哈哈奶，可口可乐改配方招致了游行大军，等等。这些品牌能历久不衰，就说明它们已经成为消费者的朋友，成为其生活中不可或缺、且不易被取代的用品。

（5）忠诚购买者

这一层是品牌忠诚的最高境界，消费者不仅对品牌产生情感，甚至引以为傲。如欧宝马车、米茄表、劳斯莱斯车、梦特娇服装、鳄鱼服饰、耐克鞋的购买者都持有这种心态。

2. 品牌忠诚度策略

一件产品可以被竞争对手模仿，但品牌则是独一无二的。产品容易很快过时落伍，但成功的品牌是历久不衰的！

未来的营销是品牌的竞争，拥有市场比拥有工厂重要得多，而拥有市场的唯一途径是拥有具备市场优势的品牌。这是品牌对于企业的意义。随着经济的全球化，我们面临着大规模的“侵略”，国外产品“侵略”我们民族的生存空间。“凭”的又是什么？就是品牌。

市场竞争转化为品牌竞争，从根本上讲，品牌就是财富所有权的象征。但并不是所有产品都需要品牌支持才能卖得出来。比如大家看到一张桌子，就知道它是一张玻璃桌，很多人不需要比较品牌，看到这张桌子就已决定了是否会购买。

但是一个信息不对称的产品，尤其需要品牌。比如，一家新成立的公司开发了一种可以能治百病的保健品。像这样的产品，消费者是不敢轻易购买的。但如果这种保健品是北京同仁堂研制的，可能很多消费者会买会回去试试。

品牌忠诚联系着品牌价值的创造，企业为顾客创造更多的价值，有利于培养顾客的品牌忠诚度，而品牌忠诚度又会给企业带来利润的增长。

如何提高品牌忠诚度，主要有以下几点策略。

（1）人性化地满足消费者需求

企业要提高品牌忠诚度，赢得消费者的好感和信赖，企业一切活动就要围绕消费者展开，为满足消费者需求服务。让顾客在购买使用产品与享受服务的过程中，有难以忘怀、愉悦、舒心的感受。

因此，作为高端品牌营销，必须摆正短期利益与长远利益的关系，必须忠实地履行自己的义务和所应尽的社会责任，以实际行动和诚信形象赢得消费者的信任和支持。

品牌有了信誉，何愁市场不兴、品牌不旺？这就是高端品牌运营的市场规则，也是一个普遍的经营规律，也是提高品牌忠诚度最好的途径。

做品牌，应该不遗余力，尽心尽力，做实做细，切忌为追求短期利益犯急躁冒进的错误，否则必将导致品牌无路可走，最终走向自我毁灭。

人性化地满足消费者需求，就要真正了解消费者。国内绝大多数品牌只提供了产品的主要使用价值与功能，但对细腻需求的满足远远不能与国外品牌相比。

比如，国产品牌的火腿肠味道、营养俱佳，外出携带方便，但食用时没有拉开的口子，必须要找一把剪刀剪开。

在麦当劳、肯德基等一些西餐厅的洗手间，洗手的地方有高、低两个洗手台，这样小朋友们在用餐过程中要洗手就不用家长陪同或抱起来，要洗手的小朋友可以自己完成。而国内的中餐厅很少满足了消费者的这种细腻需求。

美国的吉列手动刮胡刀的手柄不仅用一圈圈凸纹来增加摩擦力，以防止刮胡刀滑出手而刮破脸，并且还想到了在凸纹上套上一层橡皮，让顾客使用时提在手中更贴合皮肤，更舒服，每一细微之处都为消费者想到了。

要做好消费者需求挖掘，一个重要的前提是，建立以客户为中心的思维方式。因为，在激烈的市场竞争条件下，消费者在选择产品或服务上占据了主导地位。高端品牌林立，并不因为你是高端品牌，消费者就一定会选择你，市场没有一劳永逸。面临着越来到越多的选择，消费者是如何选择的呢?

首先，消费者要看产品的功能和特性是否满足自己的需求。其次，消费者要看服务是否值得信赖。有人问，作为餐饮界的高端品牌，海底捞为什么这么火?因为海底捞的服务到位，很多客人就是冲着这种客户体验去的。最后，消费者要看企业是否还能满足自己更个性化的需求。比如，消费者要选择一家高档酒店办婚宴，这就需要酒店档次要相对较高，酒店内有宽敞的空间，等等。这些都是以客户自我需求为出发点的。

以客户为中心，可以说是个广为流行和认可的一个经营理念，然而，在企业实际经营中，却常常有意无意地远离了以客户为中心的理念，主要有以下三个表现。

①以我为中心

以我为中心，就是完全以企业管理者的品位、喜好为导向，这样就会离消费者的真实需求越来越远。

②以老板为中心

比起以我为中心，企业管理者更棘手的问题是如何处理来自老板的想法、建议甚至命令。如果老板的想法和客户的想法比较吻合，这就不是什么问题。企业管理者需要思考的是老板是不是也是以我为中心，没有经过调研分析、拍脑袋做出的决策。如果完全以老板为中心，产品也很有可能远离了市场的需求。

克服以老板为中心，需要企业管理者能够深入市场、接近客户，拥有一手的事实和数据，在此基础上，与老板进行讨论，用事实说话是最好的说服方法。当然这需要企业管理者不要有过于迎合、唯马首是瞻的思维模式。

③以竞争对手为中心

企业管理者在研究分析竞争对手的产品的时候，有时容易陷入竞争对手的思维框架中，尤其管理者在面对强大的竞争对手或市场反应良好的竞品时更容易这样。

然而，通常来说，竞争对手和本企业的实力不一样，别人能做出的，自己未必有能力做出，而且很可能出现菜品、服务等严重同质化的现象，使自身陷入价格竞争。

因此，作为企业的决策层和管理层，应该多离开写字楼，去市场第一线和零售终端看看，与顾客保持紧密接触，才有可能深入地了解顾客的内心世界和潜在需求，为产品和服务的改进提供第一手翔实的信息。既要到大市场中去坐坐公交车、吃吃大排档、到集贸市场找人聊聊，了解大众消费者的购买心理；也要运用规范的调查手段，如小组座谈会、入户问卷调查、连续追踪调查顾客满意等。

（2）创造客户体验

关注客户需求，不仅要关注客户的理性需求，还要关注客户的感性需求。客户体验突出了客户感性需求的重要性，通过技术与人性、科学与艺术的有效结合，在实现基本的功能和性能的基础上，使产品更加人性化，从而创造出客户难忘的体验，使客户产生共鸣。

简单地说，客户体验就是客户对产品或服务的心理感受。

例如，人们去星巴克喝咖啡所感受到休闲、享受以及小资情调，青少年穿耐克鞋的酷炫感受，人们使用宜家家具感受到的简约而不失时尚的生活方式。

可见，客户获得的不仅仅是带来实际功能的产品，而是一种感觉，一种情绪上、体力上甚至精神上的体验。

为了进一步了解客户体验，这里把客户体验分为三个层次，即感官体验、使用体验和结果体验。

感官体验就是产品对客户视觉、听觉、触觉、嗅觉及味觉等进行感官刺激，通过感官刺激而获得的心理感受。感官体验是客户对产品最直接的体验，也是最容易感受到的体验。

例如，星巴克把典型美式文化分解成感官体验的元素：视觉的温馨，听觉的随心所欲，嗅觉的咖啡香味等，透过巨大的玻璃窗，看着人潮汹涌的街头，轻轻啜饮一口香浓的咖啡，这些都非常符合都市白领的感官体验。

使用体验，是指客户在使用产品中的感受，是客户对产品的进一步体验。产品使用体验的目标是使产品易用、友好。比如，你购买了一件高端品牌的产品，如何能达到客人的需求，只有使用的人才懂得。

结果体验，就是客户在使用产品的功能之后所产生的体验。比如，高端商务酒店使用电饼铛或面包机做出了美味的面食，会产生出成就感，这就是典型的结果体验。

（3）产品不断创新

产品的质量是消费者对品牌忠诚的基础。世界上众多名牌产品的发展史告诉我们，消费者对品牌的忠诚，在一定意义上也可以说是对其产品质量的忠诚。只有过硬的高质量产品，才能真正在人们的心目中树立起“金字招牌”，受消费者喜爱。

联想总裁柳传志曾说：“在资金、技术和管理各方面都不如竞争对手的情况下，联想集团之所以能从市场份额2%增长到27%，坐稳‘绝对第一’这把交椅，成功之处在于创新。”

柳传志在接受《创业邦》杂志采访时说：

“我下面再讲一段话，是给所有创业的朋友和中小企业的朋友听的。朋友们都是在网上做生意，有的很多都在做同一种生意，卖的是同样的东西，有的人能做得好，越做越大，路越走越宽，而有的人呢，就会路越走越窄，这是不得不考虑的事情。记得中关村在20世纪80年代的时候，有一段路叫‘倒爷’一条街。因为这里有上千家公司倒买倒卖。这些公司我估计到今天大部分垮了，但是其中也有一部分人杀出来了，像联想成了计算机制造商，神州数码成了全国IT中最大的高新技术产品代理商，营业额能做到四五百亿元。

“这里面有很多因素，回想起来我当时在做法上跟别人有一点不同，就是关于想事、想问题。当时我们把计算所的一个成果变成了产品，叫联想式汉卡，当时全国做这个卡的大概有上百家公司，其中大的竞争对手有北大方正、史玉柱的巨人公司。如果我当时完全陷入在汉卡里面，只研究怎么样买到便宜的元器件，如何提高汉卡的性能，怎么样去做汉卡的市场，那么联想就发展不到今天了。

“我一方面和我的同事们组织人把这件事认真地研究推进，同时我要退出来想事。所谓‘想事’，用我们的话叫‘退出画面看画’。就是画了一张油画，你站在油画面前太近的时候，你有时候看不出来油画黑的地方是什么意思，然而站远之后你就会发现黑的地方是为了衬托别的地方更白，所以退出来想事可能会对你下一步业务的发展有好处。

“我们当时想到，如果把汉卡插在电脑里推销电脑，那可能效益要好得多。于是我就去找电脑的代理商，然后研究怎么样给他们做代理、去推销。在做代理的时候我又开始研究，我们本来想做的事，即我们怎么才能自己生产设计电脑。这就是走所谓‘贸工技’的路，先做贸易，把这个市场弄熟了，然后我们自己再开工厂，最后再提高技术含量。所以，退出来想事很重要，要不然大家就会天天陷在里面，永远日复一日做这个事。如果我一直这么做的话，充其量在当时我顶多是一个做 IBM 的代理商，做到后来什么也做不成。”

通过柳传志的话语我们知道，联想每做一步，都考虑如何突破限制，做到与别人不同，使公司发展下去。联想正是由于具备这种不断突破的精神，才成长为今天的国际知名公司。

我们的生活其实就是一个不断被约定然后不断突破约定的过程。从小我们就被约定了，比如别人告诉我们这是杯子，这是手表，这样做是对的，那样做是错的……所有的这一切都是人们的约定，也可以说是一种限制。随着我们慢慢长大，我们会固执地活在这些约定里面。

这些约定无处不在，当我们追逐成功的时候，限制更广泛，约定更强大。比如在职场上工作久了，工作流程熟练之后，就适应了那种节奏，慢慢变得麻木。每一天都按照固有的经验去做，没有激情，工作经验成了对自己的一种限制。再比如，一个创业者因为赚了一点小钱，就感觉已经不错了，失去继续开拓的精神。这种不思进取的思维也是一种限制。

想要成功就必须突破这些限制和约定。突破了它们，我们才能更快地前进。突破限制，我们做事才能更有效率，才能跳出原来的圈子，发现更广阔的前景，从而获得更大的成就。

产品的创新让消费者感觉到品质在不断提升。海尔的空调、洗衣机每年都会有新功能、新技术产品推出；苹果、三星每年都会推出新款手机；宝洁公司的玉兰油、海飞丝等产品也时不时推出新改良配方，让其产品有新的兴奋点，让人感觉到企业一直在努力为消费者提高产品品质。

（4）提供物超所值的附加产品

产品怎么样，不是商家说了算，要由消费者的满意程度来评判，要想真正做到以消费者为中心，不仅要注意核心产品和有形产品，还要提供更多的附加产品。

海尔的维修人员不仅准时修好冰箱、空调，顾客还能获得更多，如维修人员温暖人心的礼貌问候，自带饮料不喝用户一口水，套塑料鞋套避免用户家里地板污损等，海尔的售后服务正是因为给消费者提供了意想不到的好处，大大提高消费者对品牌的评价与认同度。

在产品同质化的今天，谁能为消费者提供物超所值的额外利益，谁就能最终赢得顾客。

（5）有效沟通

企业与消费者的有效沟通，是维持和提高品牌忠诚度的重要手段，如建立顾客资料库、广告、定期访问、公共关系等。

建立顾客资料库，选择合适的顾客，将顾客进行分类，选择有保留价值的顾客，制订忠诚客户计划；了解顾客的需求并有效满足顾客所需；与顾客建立长期而稳定的互需、互助的关联关系。以广告为主的传播，广告能提升消费者对品牌的熟悉、信赖感，使消费者产生对品牌的挚爱与忠诚。

2002 年 9 月 13 日，诺基亚在北京开通诺基亚俱乐部（Club Nokia）中文网站。作为一个独特的网上社区，该网站精心打制的四大频道——音乐、电影、卡通和游戏，为诺基亚手机用户提供内容丰富的创新应用和服务。

诺基亚俱乐部带给用户全面的信息、支持和乐趣，增强用户的通信体验。每一个诺基亚手机用户都可以通过下载诸如音乐铃声、待机图标、动画屏保、图片信息以及游戏软件等品牌化的数字内容，享受便捷、实用、充满趣味的沟通体验。

同时，诺基亚俱乐部提供的照片世界更是引人入胜。诺基亚俱乐部选择的一系列国际知名品牌，包括 Hallmark、Sanrio、EMI、环球等，使诺基亚用户可以充分个性化他们的手机。

诺基亚移动电话中国区业务发展及移动信息服务总监 Simon Bennett 说："诺基亚俱乐部可以实现消费者与诺基亚之间持续的网上互动，建立双方的感情纽带，从而有助于提高消费者对诺基亚品牌的忠诚度。同时，它还将通过提供服务、资讯增强消费者对于诺基亚产品和品牌的体验。"

3. 品牌忠诚度的衡量

(1) 顾客重复购买次数

所谓顾客重复购买次数，是指在一定时期内，顾客对某一品牌产品重复购买的次数。购买次数越多，说明顾客对这一品牌的忠诚度就越高，反之就越低。

应注意，在确定这一指标的合理界限时，必须根据不同的产品加以区别对待。比如，快速消费品就不能和机器设备相比，对于不同类型的产品，比较顾客重复购买次数，没有任何意义。

（2）顾客购物时间的长短

研究消费者购物心理发现，顾客在购买商品时，都要经过比较挑选的过程。但由于对不同产品的信赖程度不同，顾客购买挑选时间的长短也是不同的。

一般来说，顾客挑选产品的时间越短，说明他对这一品牌商品形成了偏爱，对这一品牌的忠诚度越高。反之，则说明顾客对这一品牌的忠诚度越低。

注意，在运用这一标准衡量顾客的品牌忠诚度时，必须剔除产品结构、用途方面的差异而产生的影响。

（3）顾客对价格的敏感程度

消费者对产品的价格都是非常重视的，但消费者对各种产品价格敏感程度不同。事实证明，消费者对于喜爱和信赖的产品，对其价格变动的承受能力强，即敏感程度低；而消费者对于不喜爱的产品，对其价格变动的承受能力弱，即敏感度高。据此亦可衡量消费者对某一品牌的忠诚度。

运用这一标准时，要注意产品供求状况、顾客对于产品的必需程度、市场竞争程度三个因素的影响。在实际运用中，衡量价格敏感度与品牌忠诚度的关系，要排除这三个因素的干扰。

（4）顾客对竞争产品的态度

顾客对某一品牌态度的变化，多是通过与竞争产品相比较而产生的。根据顾客对竞争产品的态度，可以判断顾客对其他品牌产品忠诚度的高低。

如果顾客对竞争对手产品兴趣浓、好感强，就说明其对某一品牌的忠诚度低。如果顾客对其他的品牌产品没有好感、兴趣不大，就说明其对某一品牌产品忠诚度高。

（5）顾客对产品质量问题的态度

任何一个企业都难以避免产品质量问题，即使名牌产品也在所难免。如果顾客对某一品牌的印象好、忠诚度高，对企业出现的问题会以宽容和同情的态度对待，相信企业很快会加以处理。

相反，如果顾客对某一品牌的产品忠诚度低，则一旦产品出现质量问题，顾客就会非常敏感，极有可能从此不再购买这一品牌的产品。

第四节　品牌联想：定位决策

1. 联想和感受就是品牌

品牌的重要性日渐被企业所认识和重视，但遗憾的是，很多企业掉进一个误区，那就是：打造高端品牌等于制造一个品质优良的产品。市场真的是这样的吗？

假设你要买一部手机，你会买哪个品牌呢？

很多人会说苹果。这是为什么呢？因为很多人认为苹果公司生产的产品品质都比较好，所以它生产的手机也会很好。

苹果的手机真的比其他品牌的手机好很多吗？其实，苹果手机的质量相对其他品牌的手机是否最好，只有内行人才懂，作为外行人，我们肯定不会把苹果手机和其他手机的零件拆出来一一比较，看哪款手机好。但为什么消费者首先想到的是买苹果的手机呢？

有人说是因为苹果手机口碑好，有人说因为它形象好，有人说因为身边很多人在用。对，这就是品牌的力量，也是一种品牌认识。

消费者对于这个品牌的感觉和认知，以及他听到这个品牌后所产生的各种联想，就是品牌的力量。实际上苹果手机跟其他品牌的手机哪个品质更好，消费者也不知道。消费者在分辨不出产品品质好坏的时候，他们就以品牌决定品质，品牌就是品质。

从某种意义上说，企业“以质取胜”已成为过去，企业品牌形象的差异正在取代传统的商品本身的差异，企业卖的不再是差异化的商品，而是差异化的品牌理念。

看到海尔的标志，我们会想到真诚服务到永远，想到海尔产品的高品质，想到海尔砸冰箱的故事，等等。这一系列的联想和感受的总和，就是海尔的品牌。在消费者心中，海尔是家电里面的高端品牌。

再如，提到茅台你想到的是什么？想到国酒、酱香、历史悠久。提到沃尔沃你会想到什么？安全。提到海飞丝你会想到什么？去屑。诸如此类的联想和感受就是品牌。

在面对日益纷繁的选择时，消费者也更习惯用某种概念和符号进行快速决策，“品牌”就替代产品成为消费者生活中的新名词和新识别符号，这就是品牌联想。

2. 品牌联想的类别

我们知道，品牌联想就是消费者对品牌或产品的联想。通常它是象征性的和抽象的。它也是指品牌形象联想。著名品牌战略专家翁向东指出，品牌联想是指提到某一品牌时，消费者大脑中会浮现出来的所有与这一品牌有关的信息。高端品牌的一个重要特点就是能引发消费者丰富多彩的联想。

销售与品牌联想之间具有强烈的相互关联性，因此，企业在塑造品牌形象时，应透过各种不同的营销管道，竭尽所能地为品牌建立并累积正面的品牌联想数，进而在消费者心中形成一个持久性的印象，更能巩固品牌的市场优势。

以不同的品牌联想构面来衡量品牌形象，可以将品牌联想的内涵分为以下三种类型。

（1）属性联想

属性联想是有关于产品或服务的描述性特征。属性联想又分为与产品有关以及与产品无关两类。与产品有关的属性定义是执行该产品或服务功能的必备要素，而与产品无关的属性是有关于产品或服务的购买或消费的外在方面。

与产品无关的属性主要分为四项：价格信息、包装或产品外观、使用者类型、使用情境。其中价格为特别重要的属性联想，因为消费者常常对价格与品牌的价值有着强烈的信念，并会就不同品牌的价格层级方面来组织他们心中的产品类别知识。

（2）利益联想

利益联想是指消费者给予产品或服务属性的个人价值，也就是消费者心目中认为此产品或服务能够为他们做些什么。

利益联想可进一步分为三类：

第一，功能利益是指产品或服务的内在优势，如与生理及安全需求有关；

第二，经验利益是有关使用产品或服务的感觉，其通常与产品属性有关，例如感官乐趣、多样化、认知刺激；

第三，象征利益是指产品或服务的外在优势，其通常与产品属性无关，而是有关社会认同的需求或是个人表现以及自尊。

（3）态度联想

品牌态度是消费者对品牌的整体评价，其为形成消费者行为的基础。

品牌态度与产品有关，与信念、功能利益、经验利益以及象征利益间均存在着相关性。

3. 品牌联想如何创造价值

高端品牌通过产品、品牌名、定位、广告公关、促销活动等形式向广大消费者传递出差异化的信息。品牌联想中便会具备差异化、个性化成分，这是与竞争者形成区隔，遏制竞争者跟进的屏障，也是越来越趋向大众化的消费者喜欢一个品牌的主要理由。

品牌联想向消费者体现以下价值。

（1）提供购买理由

品牌联想的信息主要是产品属性、类别、触动心灵的品牌情感与品牌气质等。

如宝马“驾驶的乐趣”让选汽车时讲究操纵性能且对宝马不菲

价格有支付能力者怦然心动。高露洁“防止蛀牙”无疑会打动购买牙膏时关注“蛀牙”功能的人群。

（2）创造心理与情感认同

一般通过产品的工业设计、广告的感性诉求与美学表现润物细无声地使消费者对品牌产生的心理与情感认同，大都属于隐性联想。

（3）为品牌延伸提供强力支持

品牌延伸决策中的“核心价值中心论”的一个重要原则就是：品牌所代表的价值尤其是核心价值也能包容并促进消费者对延伸产品的认同与购买，这样就可以实现品牌延伸。

品牌核心价值当然是品牌联想的主要组成部分，故品牌联想能为品牌延伸提供强有力的支持。

4. 选择、创建并保持品牌联想

（1）个性化的品牌核心价值

由于品牌核心价值是品牌提供给消费者的关键利益，是消费者认同喜欢某一个和愿意购买某一个品牌的主要动因，品牌核心价值理所当然是品牌联想中让消费者记得最清楚并且一提到品牌马上能联想到的信息。

（2）独特的产品特性

一般而言，品牌的核心价值是消费的功能性利益时，品牌核心价值往往就是产品特征的一部分。

比如，宝马品牌的核心价值是“优秀的操纵性能”，这也是宝马汽车产品特征的一部分。

但很多产品特征不是品牌的核心价值，比如一支高露洁牙膏有外包装形状、大小、膏体颜色、细腻程度、洁齿与护齿功能、香味等许多特征，而高露洁的品牌核心价值只是“有效防止蛀牙”。

（3）声望感与领先感

品牌的声望感与领先感是指联想中对品牌的整体评价，如质量、技术及企业整体实力在行业中的领导地位。

比如，消费者压根说不出甲品牌比乙、丙品牌在消费者利益、产品具体特征上好在哪里，但就是愿意花更高的价格购买甲品牌，这就是因为甲品牌具备了威望感与领先感。

（4）清晰的相对价格

对企业来说，拥有像海尔、登喜路这样的高溢价品牌无疑是充满诱惑力的，因为这个品牌代表着高利润率。要成为高溢价品牌，一个品牌必须提供声望、优秀品质及令人仰慕神往的品牌文化内涵与精神价值。

（5）使用方式与场合

对于很多品牌来说，使用场合的联想是品牌最有价值的资产。

比如，消费者在家里可能喝蒙牛酸奶，但是妙士牛奶适合在高档餐厅饮用的强烈联想，会让消费者在餐厅宴请客人的时候请他们喝妙士酸奶。

（6）目标消费者和目标消费者心目中理想人格

当消费者对一个品牌使用对象的联想与自己正好吻合或接近时，他们选择这一品牌的可能性就会大增。品牌与目标消费者联系起来，可以使目标消费者感觉到一种归属感。

（7）认同与敬仰的生活方式与个性

品牌代表的一种生活方式与目标消费者接近，或目标消费群十分认同与敬仰并意欲获得这样的生活方式，品牌就对目标消费者充满了诱惑。

（8）产品类别——成为品类的领导者

品牌成了产品类别的代名词，如“施乐＝复印机”，有助于品牌在这一产品类别上立稳脚跟，使其他品牌侵入的难度倍增。

品类占位对很多品牌而言是主要的品牌资产，如喜之郎等于果冻布丁，ThinkPad 是高档商务电脑。

（9）与竞争对手的比较差异

品牌的建立最终目的是与竞争者一较长短。因此，品牌联想时能反映出与竞争者的鲜明差异与优势是必需的。如海飞丝的去头屑功能要比别的品牌强，丽思卡顿酒店的服务极为周到。

（10）地域与国家

一个地域与国家的自然环境资源、发展历史、文化造就了其在某些产品领域的特别优势。

第三章

品牌管理：创建强势品牌

越来越多的企业投身于品牌建设的行动中，并努力打造强势品牌。品牌建设的方法越来越成为品牌发展壮大的必备技巧，也是公司保持竞争优势的主要源泉。

第一节　品牌形象系统

1. 什么是品牌形象

品牌形象是指某个品牌在市场上、社会公众心中所表现出的个性特征，它体现出消费者对某个品牌的认知和评价。

品牌形象包括品名、包装、图案广告设计等。品牌形象与品牌不可分割，品牌形象是品牌表现出来的特征，反映了品牌的实力与本质。消费者对品牌形象的认识着眼于影响品牌形象的各种因素上，如品牌属性、名称、包装、价格、声誉等。

从上面的概念可以看出，品牌形象是一个综合性概念，是营销活动渴望建立的一种资产。品牌形象应具有独特个性，是消费者对品牌的心理体验，是由品牌的气质识别打造的。

著名品牌战略专家翁向东认为，品牌气质是消费者听到品牌后产生的一种内心感觉与审美体验，品牌气质也可以叫品牌个性，正是这种品牌个性构成了独特的品牌形象。

引起品牌形象树立的最重要因素是人们对品牌的联想，一提到某一个品牌名，消费者便会想到一些东西。这种联想使品牌形象与众多事物联系起来，驱动形象的建立、发展。

（1）产品或服务提供者的形象

产品或服务提供者的形象是驱动品牌形象的重要因素。古语云："严师出高徒，将门出虎子。"人们常依这种观念去评价品牌形象。提供者的形象有科技能力、企业规模、资产状况、服务状况、人员素质等。

在品牌形象的树立过程中，营销者常利用已有的企业形象，如五粮液集团推出一种新品牌酒类时，使用的广告语为"系出名门"，欲借"五粮液"的美好形象驱动新品牌形象的确立。

（2）产品或服务自身的形象

产品或服务的功能性本身是构成品牌形象的内容基础，从硬性表现看，产品或服务的形象有速度、功能、价格、耐用性、舒适性、应用等；从软性表现看，有体面、珍爱、青春感、高雅、豪放、贵族、魅力等。

2. 品牌形象的评判

评判一个品牌形象，常用的量化指标有品牌知名度、品牌美誉度。但这些还不够，品牌形象还应包括品牌反映度、品牌注意度、品牌认知度、品牌美誉度、品牌传播度、品牌忠诚度及品牌追随度。

（1）品牌知名度

品牌知名度是指品牌被公众知晓的程度，是评价品牌形象的量化指标。考察品牌知名度可以考虑三个不同的角度，即：公众知名度、行业知名度、目标受众知名度。

公众知名度是指品牌在整个社会公众中的知晓率；行业知名度是指品牌在相关行业的知晓率或影响力；目标受众知名度是指品牌

在目标顾客中的影响力。

（2）品牌美誉度

品牌美誉度是指品牌获得公众信任、支持和赞许的程度。品牌美誉度反映出品牌对社会影响的好坏。考察品牌美誉度可以从公众美誉度、行业美誉度、目标受众美誉度三个方面研究。

（3）品牌反映度

品牌反映度指品牌引起公众感知的反映程度。主要表现人们对一个品牌的瞬间反映。

（4）品牌注意度

品牌注意度指品牌引起公众注意的能力，主要指品牌在与公众接触时的引人注目程度。

（5）品牌认知度

品牌认知度指品牌被公众认识、再现的程度，某种意义上是指品牌特征、功能等被消费者了解的程度。

（6）品牌美丽度

品牌美丽度指品牌从视觉心理上对人的冲击能否给人以美的享受。

（7）品牌传播度

品牌传播是指品牌传播的穿透力，主要讨论品牌的传播影响。

（8）品牌忠诚度

品牌忠诚度主要指公众对品牌产品使用的选择程度。

（9）品牌追随度

品牌追随度主要指品牌使用者能否随品牌变迁而追随品牌，是比品牌忠诚度更进一步的要求。

品牌形象的评判常采用市场调研的方法实现，在实际工作中不可能九度俱全，应选择几个指标进行综合评价。

3. 怎样建设品牌形象

你不能企盼品牌朝立夕得，品牌的塑造不能急功近利。

品牌紧紧依存于商品之上，成为商品机体的重要组成部分。品牌的塑造应与企业的经营均衡发展，它们之间的任何形式的脱离或独立发展都会形成品牌错位。因此企业热衷的“关注力”不能等同于“品牌力”，“知名度”不能等同于“品牌”。

品牌的塑造是长期的产品创新、市场经营等一点一滴积累出来的，并且要不断依据市场反应进行修正，使之不偏离品牌的深层含义。而所有这一切都要从品牌所呈现出来的形象中反映出来，再由媒介将这种形象传播给市场和大众。

世界最知名的饮料品牌可口可乐，它的竞争优势一半以上来源于坚持不懈、长期的市场宣传，在这一系列宣传活动中，可口可乐不断强化品牌所附带的美国文化和它固有的品牌特征，稳固而有力地保持着市场领先者的地位。

在新经济时代的今天，很多经营者都争先恐后地推出许多品牌，期望一步登天，这其实是违背了品牌塑造规律的。如果缺乏深层的品牌含义也只是徒有其表，最后营造的只能是泡沫品牌。

违背客观规律试图在品牌塑造上抄近路最后只能是多走弯路，先逃学后补课。要想锻造高端品牌形象，需要从以下三点着手。

（1）以质量取胜

品牌产品或服务的质量，是满足人们需要的效能，是品牌的核心。为了锻造品牌、打造高端名牌，首先，在设计时就要有高标准，深入了解市场需求；其次，在品牌成长的道路上，不断创新，维持质量；最后，要用科技完善服务，促进质量飞跃，实现品牌的进一步提升。

品牌锻造90%靠自己做得好，10%靠一流的质量。

比如一些老字号，在其初创之时，没有现代的宣传手段，更多的靠人际传播，而人际传播以个人对产品或服务的消费感受为前提，好的产品或服务质量，加上良好的消费感受才能形成良好的口碑。

老品牌几乎都是以质取胜，赢得了消费者的良好口碑，经过人际传播才声名远扬，现代的名牌要长久而立。成为真正的名牌，也要以质量为基础，并且离不开消费者的检验。

海尔总裁张瑞敏在一上任就提出："有缺陷的产品就是废品。"1985年4月，他当众将76台存有严重质量问题的电冰箱砸毁。事后许多人都佩服张瑞敏抓质量的决心，却没有充分意识到他抓品牌的远见卓识。

单纯从眼前的物质利益来看，冰箱也许是可以不砸的，因为经过修理后还可以使用。但张瑞敏要的是向全国消费者表态：我海尔就是对质量一丝不苟！

几十台冰箱造成的经济损失和塑造一个质量过硬的品牌形象相比，孰重孰轻现在看来早已见分晓。但在那个时代，许多企业连商标意识都没有，何谈品牌意识？张瑞敏的所作所为非常难能可贵。

当下有许多企业认为自己规模还太小，没有资金能力来实施品牌战略。殊不知当年的海尔前身——青岛电冰箱总厂只是一个集体小厂，亏空达一百多万元，年销售收入仅三百多万元。在这样的情况下，张瑞敏走马上任，在十多年的时间里就将海尔打造成国内甚至国际大品牌。

通过这个案例，我们得出这样的启示：企业不是等做大了再搞名牌战略，而是利用名牌战略做大企业。这一点，值得每一个中小企业深思。

（2）以服务取胜

当今社会，市场竞争日益激烈，服务已经成为企业竞争的又一核心，也成为整个品牌策略的一个重要战略，成为市场竞争的焦点。

服务是品牌战略的一个重要部分，良好的服务意识可以为企业赢得更多的客户，赢得良好的口碑，同时也更加提升了企业的市场竞争力。

1994年海底捞在四川简阳成立，当时只有4名员工、4张桌子和8000元现金。而今，它在全国各地开了60多家分店，拥有1万多员工，年销售额十几亿元。它的一家旗舰店年营业额就能达到5000万元，更令人惊叹的是，它的一家新店从开店到回本赢利的最短周期只有6个月。

海底捞如此迅速地发家，显然不是因为它采用了高端的技术。因为，火锅这个行业本身就没有特别的技术含量。火锅的做法向来以简易、便捷著称。只要备好汤料和食材，客人就可以自行涮着吃。而海底捞做的也是一种普普通通火锅，与传统的做法别无二致。因此，它选择的是一个起点很低、技术含量并不高的行业。

既然海底捞选择的行业没有特别之处，那么它的火锅是不是非常特别呢？比如说，火锅的味道、门店的装修等。

其实，海底捞的火锅味道并没有特别之处。虽然在海底捞成立之初，张勇曾经在火锅的味道上下过一番功夫。据张勇的母亲讲，那个时候他看过很多关于火锅的书，并且研究过各种各样的火锅底料。为了保证火锅汤的味道独到，他每天都到邻居詹婆婆煮鹅的锅里舀鹅汤兑火锅汤。然而，海底捞至今也没有把火锅的味道做到上乘。吃过海底捞火锅的客人都知道，它的火锅味道没有过人之处。

另外，海底捞在门店的装修上，也没有超乎寻常的地方。与那些豪华的高档酒店相比，它的装修只能算是中档水平。除此之外，海底捞的经营人才跟其他的普通火锅店别无二致，都不是高学历和高科技人才，而是大多来自农村的只有小学、初中和中专学历的人。

总之，从表面上看，海底捞就是一个普通的火锅店。那么，它凭什么在激烈的竞争中脱颖而出，赚取大量的利润呢？

这时候肯定有人说了，海底捞赚钱靠的是服务。因为，超值的个性服务是海底捞最大的特色。当客人在海底捞等位区等待的时候，热心的服务员会立即为你送上西瓜、橙子、油炸虾片等各种小吃，还有豆浆、柠檬水等各种饮料。这些东西都是无限量免费提供的。

除此之外，客人还可以在这里打牌、下棋或者免费上网。更令人惊喜的是，客人在这里还可以享受到免费擦皮鞋和修指甲的服务。

以上只是海底捞特色服务的冰山一角。进入海底捞，你会发现，从停车泊位、等位、点菜、中途上洗手间、结账走人等全流程的各个环节，都洋溢着热情服务的光芒。由于例子太多，我们就不详细叙述了。

独具特色的个性服务确实可以让企业在激烈的竞争中脱颖而出。很多企业之间的竞争已经不仅仅停留在产品层面，企业的服务也越来越占据重要地位，所以，要塑造一个良好的品牌，服务也是非常重要的。

(3) 以广告取胜

以广告取胜，不是花费得多，广告做得多，还包括采用的广告方式，最终还是要看广告取得的成效。资金比较充足的企业主要是选择电视广告或是平面广告等花费较多、见效比较快的广告模式。这种广告模式对于资金比较短缺、缺乏打造品牌经验的中小企业显然不太适合。

在各电视台，脑白金广告的播放频率非常高。这让很多人认为，史玉柱在脑白金广告上投放了大量的资金。就连尼尔森调查也认为，史玉柱在全国各地做的广告投放金额有三四十亿元人民币。

但实际情况却是，脑白金的广告投放一年只有三亿元，加上终端包装等，一年的投放也不过在五亿元左右。与国际品牌在中国做广告的成本相比，脑白金的广告投入费用不到它们的1/10。

这显然超出了很多人的想象，但事实就是如此。实际上，在史玉柱要求必须最大程度降低广告成本的情况下，巨人负责广告投放的团队想出了很多创新的思路和方法。

比如，一般电视台的广告能卖掉70%就不错，大部分卖不到一半，而且，一旦签约的客户突然不播了，那这一段时间就是空的。这时，巨人就会用很低的价格，把这个时段买下来。由于巨人集团在全国有300多家办事处，所以在广告投放上只要稍微降低一下成本，那么不赚钱也变成赚钱了——原本一年需要投30亿元的广告，因为相关负责人的创新及成本意识，变成了3亿元，公司的利润空间一下子就出来了。

在报纸上做广告的时候，史玉柱同样强调成本意识。他要求，在与报社谈判广告费用的时候，必须把费用控制在报社报价的45%以下。为了让报社接受这一价格，史玉柱还特意为他的下属提供了一系列谈判要点：我们还要做大量的广告；我们的文章质量好，可读性强，可提高报纸的阅读率；我们付款有保障；公司规定只承担45%，多了就得由我个人掏腰包；如果实在谈不下来，就要求报社赠送相应的版面，但必须保证刊登的质量；与报社的合同要一签6个月，等等。

何学林曾经透露，史玉柱在脑白金的广告投入上看似财大气粗，一掷千金，实际上他在广告价格上锱铢必较，“脑白金在全国各地报纸上做广告的价格最高也不超过正常报价的45%，电视专题片的价格则更是不到10%，电视广告的价格一般在40%以内。譬如上海东方台给其他厂商是正常报价的80%，调查后发现给脑白金的最低价是68%，经过一个半月的谈判，最后是33%成交”。

该花的花，该省的省，在大家认为投入最大的广告费用上，史玉柱却做出了新文章，脑白金要想不赚钱都难。而这，对那些在广告费用上从不“吝啬”的企业，未尝不是一个启发。

关键是，如何才能像史玉柱这样，用最少的钱做出最好或最多的广告呢？

中小企业更加青睐成本低、见效快且操作起来比较方便的网络广告，也就是我们常说的网络推广。网络推广模式也有多种，有的企业选择做百度竞价，这种方式见效快，但是费用也比较高，虽然相对于电视广告要低很多。再就是在网络上发布信息或是以网站为核心的推广，发布信息主要是在商贸平台、企业博客发布信息或是以群发邮件的形式进行，而以网站为核心的推广的前提是需要提升网站在各大搜索引擎的排名。

软文是一种特殊的广告形式。在一定意义上，它是一种有偿新闻，是中国媒体独有的一种现象。简单来说，软文就是指媒体收费刊登的貌似新闻，实则是企业或产品宣传内容的文章。

中国保健品历史上那些曾经风光的企业，比如三株、红桃K等，无不采用过软文营销的宣传手段。只不过，在它们那个时候软文操作大多以小报的形式出现，以比较直接的案例方式向消费者说教。等到史玉柱策划的脑白金上市的时候，市场环境已经发生了变化，城市不再让发放小报，农民也已经不再对小报感兴趣。

但即便如此，启动脑白金时的史玉柱却没有选择，因为没有钱，他必须使用软文这种价格不算昂贵的宣传方式。可以说，史玉柱选择软文的宣传方式，完全是缺乏资金下的被逼无奈。

但也正是这么一逼，让史玉柱把软文这种有偿新闻的作用发挥到了极致。可以说，软文虽非史玉柱首创，但是能用软文确立一种产品在市场上的领导地位，却非史玉柱莫属。

这些推广虽然费用比较低，但是需要较多的人力和较长的时间来操作。已经有很多企业选择用营销软件来辅助操作。市面上几款主流营销软件，都受到了中小企业的青睐。

4. 形象赋予品牌生命

市场营销者应把品牌看作一个生命，赋予它生命力以助长竞争力，因其具有生命力显得更富人性情感。品牌的塑造是区隔同质产品的唯一办法，而品牌的形象就是品牌塑造的终极表现方式，也是品牌间争夺消费者最直观、最有力的武器。

对于消费者来说，品牌就像一个人，具备人的一切特征，它有外形，有思想，有个性，有寿命，甚至也有致命的隐私，消费者必须要深入、全面地了解它，并将其与其他同类品牌比较，之后才会做出喜好与否的反应。

品牌产品的形象要素：个性、标志、品质、包装、广告传达的气氛、该品牌生产企业的公共形象等趋向人性化情感的组合因子，这些组合因子组合在一起，使品牌呈现出不同的生命力而对购买者施加影响。

（1）软硬兼施的品牌塑造方法

通过塑造品牌形象，采用情感诉求，使消费者产生情感上的共鸣，强调消费者通过使用这一品牌的产品可以表现出或获得这种自我形象，而很少或根本不提及产品本身的质量、性能等方面的特点，这种品牌塑造策略通常被称作“软销售”。

相反，采用理性诉求，强调产品的质量、价格，给消费者带来的实际利益，特别是产品所特有的品质，这种策略通常被称为“硬销售”。

对于品牌形象塑造来说，无论“软销售”和“硬销售”，它们都是使品牌区别于竞争对手，从而吸引消费者的工具之一，它们是相对的，却也是相辅相成的。塑造品牌，应视产品发展、社会环境变化、市场趋向、消费者需求改变、竞争对手的品牌策略等诸多变量适当调整品牌形象战略的表现方法。

两种品牌塑造的方法并不冲突，可以有侧重点地结合使用，但有一点极其关键，那就是品牌的个性和特征等品牌核心因素不能因迎合营销战术而随意改变，否则品牌的后续发展将受到消费者对该品牌第一印象的影响，倘若第一印象不良，今后扭转受到损害的品牌形象将变得十分艰难。

(2) 从灵性深处挖掘品牌表现力

如果一个品牌只专注于品牌的属性，那么这个品牌的竞争力将不足，因为消费者对品牌最感兴趣的是品牌利益，而不是品牌属性。

强势品牌最难复制和超越的是品牌的价值、文化和个性，它们是一个品牌的灵魂，给品牌带来了最持久的含义，使品牌深具灵性，我们应该运用这种灵性吸引消费者，并有力地打击竞争者。

虽然百事可乐坚称它与可口可乐相比，味道更好，更适合新生代，但是保守的青年人仍然固执地拥护可口可乐。原因在于可口可乐的价值、文化和个性传达了“正宗的可乐”这一概念。

同样，中国的非常可乐向“洋品牌”可乐发起挑战大打感情牌，消费者依然会认为非常可乐只是模仿者和跟进者，而不是创新者。在价值、文化和个性上，非常可乐的表现力还显不足，没有找到自己的品牌灵魂。

因此，要想挖掘一个品牌的表现力，就要深入到品牌的灵魂组成因素中，才能正确地挖掘出自己品牌的深层表现力。

第二节　品牌形象管理：创造品牌力的必经之路

一个品牌要想在市场中获得竞争优势，不仅要从生产、管理、销售上入手，还应从竞争战略上着眼，持续、系统地创造品牌力。从品牌灵魂中塑造品牌，实现品牌形象差异化，对其进行系统管理，达到品牌再造、打击品牌对手、提高品牌综合竞争力的目的。

塑造一个强势品牌，就要从品牌建设之初就制定出与品牌发展各阶段相适应的品牌形象建设方案，循序渐进地塑造品牌。品牌经营者要懂得品牌代表着什么，消费者想要什么，他们的对手在干什么，要理解如何创造品牌力来使品牌增加效益。

1. 品牌品类化，品类产品化

品牌的本质是一些在你心目中能够拥有的独特看法或市场细分的特征。

许多品牌的成功既是因为他们抓住了某个阶段品牌运作的规律而成功，同时也是因为机会的存在成就了企业的快速发展。但当机会消失或者不小心延伸到机会薄弱带，企业顿时就会进入一种焦灼状态或者发展停滞状态。

产品的竞争表面看是品牌的竞争，其实背后是品类之间的竞争，真正胜出的企业多是品类之王或者背后代表某种品类的企业。

永远记住，一个品牌的本质是一些在你心目中能够拥有的看法、特征或市场细分群体，简单地说，品牌就是一个品类的词汇代码。

打造品牌最有效、最具生产力、也最有用的途径是创造一个新品类。

成功品牌多是品类代表，如英特尔是芯片的代表，微软是操作系统的代表，娃哈哈是饮品的代表，五粮液是五粮好酒代表，在它们背后都是一个品类价值占领者消费者的心智资源。

所以，品牌的成功打造往往是先有品类，后有品牌。

打造一个全新品类，力争在消费者心目中形成一个词语，并最终成为这个品类中的领先品牌，就能够给予消费者清晰的认知，并且深刻记忆。

如果你的品牌无法给予消费者一个清晰的品类认知，消费者就很难把你储存在他的心智中，因为消费者不知道你代表的是什么？故一个品牌最重要的特性就是它的单一性，在消费者心智中形成单一看法或概念。

一个品牌要想成为品类的代表，需要满足两点原则：聚焦和占位。实施聚焦战略，需要企业把资源配称集中在一个品类上发力，从而实现在品类上的单点突破，带动企业成长；占位则是在传播上使品牌挤进消费者大脑，成为消费者的品类消费中优先选择的品牌，并有效区隔出其他品牌。

所以，在进行品牌打造时一定要注意，品牌品类化，品类产品化，即谈到某个品牌时，一定会想到它的物质价值是什么，这个品牌的产品代表的是哪类产品。

我们看到好多品牌在品牌初创阶段，由于无法形成自身品牌对品类价值的体现，即使投入很多广告资源，消费者还是无法对其品牌产生根深蒂固的认知。

当产品品牌塑造成功，品类概念在消费者心智根深蒂固了，市场份额与地位绝对领先，并且这一个品类可挖掘空间已经封顶了，这个时候企业若有足够实力与资本，可以延伸品类创造新品牌。

对于区域品牌来说，你的品类塑造一定要把握住消费者认为你有品类价值的支撑点，消费者认为你的产品的确如此，即使你实际上不具备这种资源，但是消费者认为你具备了这种资格或者资源，也是能够成功的。

相反，如果消费者认为你不具备这种资格或者认为你不可能实现，或者你根本不能成为那个品类价值的代表，无论你怎么打造，消费者还是会排斥的。因为你的品牌基因或者血统给你制造了障碍。

2. 品牌运营一条龙

目前，很多中国企业欠缺良好的品牌运营，甚至不少企业的品牌运营一塌糊涂。当下，市场竞争日趋激烈，众多新品牌不断涌现，在不同企业产品趋向同质化的今天，单纯靠提高商品本身的特性来赢得消费者的竞争手段已变得软弱无力。

从这层意义上说，“以质取胜”已成为过去，企业品牌形象的差异正在取代传统的商品本身的差异，企业卖的不再是差异化的商品，而是差异化的品牌理念。在产品的销售过程中，起决定性作用的也不再是商品本身，而是一个企业独特鲜明的品牌形象，是企业或产品给消费者的“感觉”。

企业的品牌运营是“一条龙”作业，从市场目标、品牌竞争策略、品牌延伸思路等诸方面的设定，到营销战略的制订、流通渠道的开拓、广告制作、媒体服务，乃至出现不利形势时的危机公关，都必须精心策划，细心思量。

在“品牌消费”时代，企业能否培育出自有品牌，并塑造成知名品牌，将决定一个企业在市场上的竞争力，加强品牌规划管理与运营已成为时代的要求，成为企业现代化和成熟程度的重要标志。

3. 品牌的合理化运营

在我看来，一个强势品牌的合理运营应该包括品牌定位、品牌蓝图规划、品牌管理三个方面。

(1) 品牌定位

品牌定位是品牌运营的基础，是一个锁定目标消费者，并在目标消费者心目中确立与众不同的差异化竞争优势和位置的过程；也是一个连接品牌自身的优势特征与目标消费者的心理需求的过程。

当今市场上消费者的需求越来越趋于个性化，品牌必须具有鲜明的个性，与竞争品牌有质的区别，必须具有独特的差异性优势，品牌定位成为品牌能否保持健康旺盛生命力的前提与基础。

品牌定位常用的方法有以下三种。

①品质定位

品质定位就是以产品优良的或独特的品质作为诉求内容，如“好品质”、“天然出品”等，以面向那些主要注重产品品质的消费者。

适合这种定位的产品往往实用性很强，必须经得起市场考验，才能赢得消费者的信赖。如蒙牛高钙奶宣扬“好奶源出好奶”；创佳彩电强调“专业制造，国际品质”。

企业诉求制造产品的高水准技术和工艺也是品质定位的主要内容，体现出“工欲善其事，必先利其器”的思想，如乐百氏纯净水的“27 层净化”让消费者至今记忆深刻；长富牛奶宣传的“全体系高端标准奶源，全程序高端标准工艺，纯品质完成本真口味”给人以不凡的品质印象。

②功效定位

消费者购买产品主要是为了获得产品的使用价值，希望产品具有他们所期望的功能和效果，因而以强调产品的功效为诉求是品牌定位的常见形式。

很多产品具有多重功效，定位时向顾客传达单一的功效还是多重功效并没有绝对的定论，但由于消费者能记住的信息是有限的，往往只对某一强烈诉求容易产生较深的印象，因此，向消费者承诺一个功效点的单一诉求更能突出品牌的个性，获得成功的定位。

如洗发水中飘柔的承诺是“柔顺”，海飞丝是“去头屑”，潘婷是“健康亮泽”；舒肤佳香皂强调“有效去除细菌”；沃尔沃汽车定位于“安全”；新飞欧洲能效A+冰箱诉求“节能”效果。

③情感定位

该定位是将人类情感中的关怀、牵挂、思念、温暖、怀旧、爱等情感内涵融入品牌，使消费者在购买、使用产品的过程中获得这些情感体验，从而唤起消费者内心深处的认同和共鸣，最终获得对品牌的喜爱和忠诚。

浙江纳爱斯的雕牌洗衣粉，借用社会关注资源，在品牌塑造上大打情感牌，其创造的“下岗片”，就是较成功的情感定位策略，“妈妈，我能帮您干活啦”的真情流露引起了消费者内心深处的震颤以及强烈的情感共鸣，自此，纳爱斯雕牌更加深入人心；还有丽珠得乐的“其实男人更需要关怀”也是情感定位策略绝妙运用，哈尔滨啤酒“岁月流转，情怀依旧”的品牌内涵让人勾起无限的岁月怀念。

在信息过度膨胀的社会里，只有有效地运用定位这种传播方式和营销策略，品牌的相关信息才能突破消费者心灵的种种屏障并实现有效的市场区隔，使品牌在激烈的竞争中脱颖而出，才能使企业各项活动具有一致性，使得品牌资产得以有效地积累。

同时，消费者才有机会随时随地自然地把自己的相关需求与品牌联系在一起，达到“过滤竞争品牌”，“先入为主”的效果。

（2）品牌蓝图规划

品牌蓝图规划是品牌运营的目标。品牌定位的确立使得品牌运营有了基础，但品牌的运营必须有既定发展的方向，即品牌蓝图与品牌发展的前景。

要使消费者与品牌之间建立起独特的关系，就必须给消费者一个具体真实的“图像”。为此品牌运营的策略必须根据品牌蓝图来制定，即要率先进行品牌蓝图的描绘，找出品牌与消费者之间相连的最佳利益共同点。

在这方面，现代企业大多借助于广告推广，因为广告就是不断地描绘品牌蓝图并期望在消费者心目中建立品牌蓝图。基于此，许多企业寻求广告投入的产出比（影响力）最大化而采取外包的形式（交给专业化品牌宣传推广公司运营）。

“蓝色巨人”IBM 在 1994 年 5 月就将全部 4 亿美元的全球广告费用交给奥美广告公司打理，以求 IBM 品牌在全球范围内具有完全一致的特性和源源不断的活力。

IBM 的知名度一向很高，给人以稳固、安全、可靠的感觉，但同时 IBM 已深感由于企业缺乏新品牌迷人的产品特征，正在失去其消费者。为此，IBM 品牌管理者在品牌运营上采取针对性措施，将全部资源整合交由专业化公司操作。

奥美在世界 60 多个国家和地区的 270 余个分部拥有 7000 名以上的员工，使用当地语言达 20 多种，能提供适应当地文化环境的各种广告策略。

IBM这场品牌运作变革终获成功，1996年年底，IBM公司年收入高达759亿美元，纯利润达54亿美元，每股股票从3年前的40美元飞涨至175美元。

这种“整合品牌传播”已成为当今企业竞相仿效的运作方式。

当然，一个好的品牌，是沉淀出来的，而不是仅靠广告砸出来的。世界上凡是能够历久弥新的制造业名牌企业，无不以生产管理和技术研发的进步为基础，然后在此基础上不断扩大市场，进而提升企业的品牌声誉，最终形成良性循环。

然而，不幸的是，我国不少企业虽然看到了知名品牌的商业价值，但他们塑造知名品牌、推动企业发展的方式却不是依靠改进生产管理和技术研发，而是过于依赖于营销。

其营销的主要内容，又完全是高强度的广告轰炸和各种各样的作秀。“先建市场，后建工厂”是这些企业惯用的策略，再加上营销、广告等行业的机构、学者极力倡导，这种完全依赖营销来发展的模式在企业界非常流行。

那么，正确的品牌推广方式，应参考以下几点。

①主题化推广

进行产品推广时，由于较少顾及到个别产品推广之间的集群效应，所以在产品的选择上往往比较杂乱，缺乏清晰、一致的产品形象设计。

为此，进行品牌推广，首先要绘制已有产品分布图，以便发现隐藏于产品背后的基本价值主张，并以其统领基本的推广主题和辅助性的推广主题。

在实际的推广中，可以有意识、有计划地选择最为符合该主题的产品进行推广，防止惯常产品推广中的散漫现象，实现产品推广主题的集中，提高推广投入的递延效应。

比如，在传统资源丰富的中药领域，桂林天和选取其中的外用贴膏领域发力，以中药现代化的主题和中药西卖的方式进行推广，很快就脱颖而出，在该细分领域建立起自己的相对竞争优势。

②风格化推广

在产品不断更新换代、需求不断转换中，产品风格也在不断发生变化。基于产品的推广往往把注意力集中在单一产品的商标设计效果上，并不考虑所有产品之间的风格一致性，这样做的结果是每一次新品的推出都需要从头告知消费者，无法利用前一次的产品效应。

在进行品牌化推广时，需要就产品识别系统的铺建展开大量的准备工作，在不同产品的外观设计中融入共同的品牌价值，让消费者可以感受到它的定位和价值，提高消费者的忠诚度。

广受平面设计师推崇的苹果电脑，就通过有效的设计定位、设计语言和人机界面作业，透过造型、色彩、质感和操作系统设计等元素，形成了清晰独特的苹果风格，建立和维系了大量的“苹果迷”。

③优势化推广

许多厂家的产品资源异常丰实，其中有一些产品品相良好，具有成长为明星产品的潜质，但由于厂家受到当下收益的牵制，往往大小不分，一视同仁，将有限的资源平均分配，最终造成产品结构混杂，产品角色模糊，即使经过多年的产品推广，也未能形成有竞争力的产品组合。

品牌化的推广抛弃原始的分配资源模式，采用分清主次、建构梯队、突出主打、塑造明星的策略，不仅使利润贡献点分布更为均衡，而且提高整个品牌的市场影响力，从而提高整个企业的资源整合能力和市场竞争力。

在此起彼伏的保健品领域，不同厂家的产品资源和企业实力在起步之初几乎相差无几，太太口服液却能够十年不坠一枝独秀，与它放弃分散的产品推广、集中资源坚持优势化推广策略密切相关。

④时尚化推广

无论是高科技产品，还是快速消费品，其市场需求都在不断地变化，保持着鲜明的时尚性消费色彩。缺乏品牌意识的产品推广，虽然在推广中使用一些时尚的语言表达自己，但它们大多游离于产品价值之外，难以真正打动消费者。

当产品推广向品牌化推广转换时，就会从品牌的基本价值出发构思时尚化的可能性，防止外在的时尚标签的粘贴，从而获得消费者的推崇和拥戴。

在新兴果汁饮料市场，当更多的新入场者对着统一鲜橙多大搞模仿秀之时，可口可乐则推出了卡通味十足的“酷儿”，以其生动而跳跃的时尚色彩赢得了都市新人类的喜爱。

⑤持续化推广

任何产品都有独特的生命周期，一个产品生命的短暂使产品推广收益期缩短，持续推广的空间促狭，获得递延收益的可能性几乎不存在。

通过产品推广向品牌推广的转换，可以通过持续化的推广有效延长产品的生命周期，推迟产品的老化，甚至通过产品改良和品牌再造摆脱产品生命周期的限制，在对市场需求的灵活适应中获得持续收益。

在品牌推广过程中，如果注意企业品牌资产的积累，更可以反过来为新产品提供有力的丰富背景，降低新产品入市障碍，支持新产品品牌的快速成长。

在中央空调领域，远大公司多年来坚持投入，通过大众推广提升名气，通过专业推广建立声望，在中国内地市场建立起丰厚的品牌资产。

（3）品牌管理

品牌管理是对建立、维护、巩固品牌的全过程进行有效监管控制并协调与消费者之间关系的全方位管理过程。只有通过品牌管理才能实现品牌远景，最终确立品牌的竞争优势。

品牌管理应遵循一贯性、差别性、全面性等基本原则。其目的在于通过细分市场找到自己的独特性，建立自己的品牌优势，并获取利润。

产品的品牌化是一个涉及建立思维结构和帮助消费者建立对产品或服务认知的过程。这个过程可以帮助消费者明确自己的决策，同时为公司创造价值。

品牌化的过程关键是要让消费者认识到品类中不同品牌之间的差异。品牌间的差异可以与品牌自身的属性或利益相关，或者与无形的形象因素相关。

比如，可口可乐和百事可乐是饮料市场无可争议的顶尖品牌，在消费者心中的地位不可动摇，许多新品牌无数次进攻，均以失败而告终。

然而，七喜却以“非可乐”的定位成为可乐饮料之外的另一种饮料选择，不仅避免了与可乐的正面竞争，还巧妙地从另一个角度与两种品牌挂上了钩，使自己提升至和它们并列的地位。

由此可见，七喜的成功主要是“品牌差异化定位”的成功。

虽然中小企业创建品牌前景诱人，每个企业主都梦想打造属于自己的金字招牌。然而，梦想终究是梦想，梦想与现实的距离还十分遥远，品牌创建初期，企业抗风险能力较弱，每走错一步都有可能坠入“死亡之谷”，所以，要让品牌走上成功之路，就要注意品牌创建初期一些最容易犯下的大忌。

①品牌塑造切忌一曝十寒

要知道世界上没有一劳永逸的品牌金山，一个强势品牌不是一朝一夕成就的，而是持之以恒打造的。不断坚持品牌建设才是品牌持续前进、增值的原动力！

历数百年品牌，它们都是经历了相当长时间的品牌建设才取得了显著的成绩。

肯德基在全球近一万家店都是一样的口味、一样的装修；万宝路历经50年，其“阳刚豪迈”的牛仔形象始终未变。

这就是品牌塑造的持之以恒。品牌塑造是一项系统工程，是一项持之以恒的过程。

②品牌形象切忌朝令夕改

打造品牌的过程，就是不断积累的过程，品牌需要不断吸引消费者的注意力才会越来越有价值。但是许多中小企业因为缺乏品牌知识，往往只看到短期的市场需求，而没有考虑三五年后的市场状况，在品牌创建过程中随意改动品牌定位、个性、形象等要素。

这些要素的随意改变会模糊品牌在消费者心中的形象，浪费品牌建设费用，这是困扰品牌健康成长的桎梏。所以，中小企业在品牌建设之初就应该有百年大计的战略眼光，企业在变，产品在变，但品牌形象定位不能变。

可口可乐公司选定大红为其识别色，从员工着装到产品包装，一律大红。久而久之，人们一见到大红，就会联想到可口可乐产品，进而产生购买的可能；或是一旦产生购买可口可乐产品的欲望之后，就会向着大红标志的售点位置而去。

③品牌宣传切忌短时轰炸

中国的中小企业普遍存在这样一个现象，在企业规模小的时候不重视品牌宣传，待企业发展到一定规模后，开始“狂轰滥炸”式的广告投放，结果几轮广告轰炸下来，品牌知名度迅速增加，似乎成就了许多企业主的品牌梦想。殊不知，这样的企业除了品牌知名度资产外，其品牌资产少得可怜，更不用说品牌的抗风险能力了。

20世纪90年代的秦池、爱多等短期速成的品牌同流星一般转瞬即逝。

而纵观可口可乐百年发展史，其宣传从始至终没有间断过。多少年来，可口可乐把自己的营销定位与体育相结合，并始终不渝，长期坚持。

品牌战略是企业长期的、全局性的计划，而战术是短期的、局部的计划。可口可乐百年的历史就是一部生动的品牌战略，可口可乐的成功也源自于长期的战略思想。

品牌是连接企业和消费者之间的关键枢纽。消费者对品牌的感情越深，其与企业建立的关联度就越强大，品牌的价值就越高。然而在实际操作中，中国的多数企业总是先以自我为主，这应该是由中国的市场化阶段尚浅造成的。

所以真正因为关注消费者而定位自己的企业很少。虽然现在几乎所有的企业都在强调“顾客至上”、“顾客就是上帝”、“顾客的成功就是我们的成功”等，然而存在真正感情投资的企业却不多。所以，我可以负责任地讲：中国目前大多数企业的品牌属于投机品牌！

品牌能够在市场上脱颖而出，企业必须更新观念，避免只重媒体宣传、促销等短期行为，而要重视品牌的延伸性管理。与此同时，企业应注意保护好自己辛苦创立的品牌。

我们许多知名企业就曾因品牌保护不力，出现商标、品牌被别人抢先注册等现象。如云南“红塔山”商标在菲律宾被抢注，北京“同仁堂”在日本被抢注；域名（包括企业名称、商标、注册地点等）也被人抢注，如“五粮液”在加拿大被抢注、“康佳”在美国被抢注、“科龙”在新加坡被抢注等。

企业辛辛苦苦创立的知名品牌，因保护不力而被假冒、被人抢注、被人无偿使用或必须向抢注者支付大量金钱，给企业造成很大的经济损失。

4. 长期品牌战略规划

营销大师凯文·凯勒认为，打造高端品牌关键在于，企业必须在每一个市场都建立起品牌资产，同时也必须长期测量和管理品牌资产。几乎所有顶尖的企业都认同这个事实。

凯勒提到，如果要打造强势品牌，必须在顾客心目中建立起强烈认可和独特的品牌联想。企业必须确保顾客在购买或使用其产品和服务时，得到特殊且正面的体验。

企业在打造品牌时，必须具备一些有关市场判断、侦测和研究的知识和技能，如此才能针对顾客和竞争对手提供精辟的洞察。此外，创造力也是必要条件之一，有助于找寻全新和原创的方法，以满足顾客的需求。

在进行任何一种营销活动时，善于将资源进行最适当的分配，将是企业非常珍贵的商业技能。广告和营销在建立品牌上固然扮演要角，但绝不是全部。

凯特拥有在英特尔、迪斯尼、耐克和星巴克等知名企业担任品牌顾问的经验，凯勒说："通常我提供独立的观点和意见，协助企业将事情简化，在很多情况下，企业和营销人员可能会被工作和所面临挑战的复杂性给击垮，我通常是帮助他们厘清架构，并且找出聚焦点，好让手边的任务更为清晰、明白。"

凯勒认为，所有品牌都必须持续地向前迈进，亦即不断地创新和建立与读者的关联性，但是切记要朝往对的方向上。

例如，星巴克是一家擅长于提供优质产品、服务以及满足顾客渴望的公司。如果企业都能效法该公司的做法，媒体就会报道，顾客也会主动谈论。正面的口碑和公关是建立品牌非常有力而且成本低廉的方式。

品牌营销人员在建立品牌时，应该具有创造力，并且在设计和执行营销计划时表现得有纪律。他们必须具备敏锐的观察力，喜欢研究顾客和竞争对手，同时还必须能够站在顾客的立场来看事情，确保公司能够听到顾客的声音。最后，他们还必须和公司的其他部门合作共事，如此才有助于解决他们在营销时所碰到的物流、财务、法令规范及其他难题。

在研拟营销计划时，应该体认到顾客所扮演的角色是潜在且积极的参与者。但是，也有许多顾客对于扮演这样的角色其实是不感兴趣的，在互动或响应上也比较消极被动。因此，如何恰如其分、审慎对待顾客，也是很重要的。

企业能够实行的做法之一，就是针对那些确实想要参与其中的顾客，建立起品牌社群，进而培养他们对于品牌热切且积极的忠诚度。换句话说，聪明的企业会设法适度地让顾客参与其品牌建立。所有品牌都必须专精于创新、创造与顾客的联结，不这么做将会导致严重落后。

第三节　培育品牌的组织模式

1. 优化品牌管理组织模式

品牌管理组织是实现品牌价值的维护和提升的基本保障。为了合理配置企业的各种资源，提升企业各类品牌管理资源的累积效应，确保企业品牌战略的实施，企业管理者必须做好品牌管理组织的设计和优化工作，通过不断的变革和调整以适应企业内部和外部环境的变化，从而提升品牌的适应能力和品牌的价值。

特别是企业采用多品牌策略时，更应注意多种品牌之间的协调与管理，避免品牌个体力量之间的相互抵消。

常见的品牌管理组织形式有以下几种。

（1）品牌经理制度

品牌经理制是对品牌进行管理的一种制度模式，它打破了以往各个品牌的管理工作的职能化分割分散进行的做法，让每个品牌都只由一个品牌经理全面负责，大的品牌除了品牌经理外可能还要有数个品牌经理助理。

几个小的品牌也可以同归一个品牌经理负责。品牌经理向公司的营销总监或直接向总经理负责，承担品牌几乎全部的管理与运营的责任。

品牌经理制是宝洁公司创造的独特的管理机制，历经 70 多年仍然受到青睐。品牌经理制的组织方式符合品牌的规划逻辑，职责分明，是对企业管理职能的创新。

品牌经理制在企业内部全面负责品牌的构思、设计、宣传、保护、品牌管理和品牌资源的经营，从而在组织上保证全面、有效地实施品牌战略，形成有效的品牌管理机制。

（2）品类经理制度

品类经理制度是品牌经理制度的演变，也就品类管理，其特点为依据不同类别或性质的产品分别设置管理部门，目的在于减轻由于品牌过多产生的内部矛盾，提高资源的有效利用及管理效率，同时也是为了适应经销渠道及零售渠道对同类别产品采购的要求。

在这一制度下，品牌经理向品类经理负责，品类经理对整个产品线负责，这使得产品种类管理更加完整、协调，并能更好地联结新的零售商“种类采购”系统。

(3) 客户型品牌管理组织

市场是由各细分片区组成，当客户可以按不同的购买行为或产品偏好分为不同的用户类别的时候，建立客户管理组织是比较理想的。这种组织形式是把公司的组织机构集中在一起，使主要客户成为公司各部门为之服务的中心，由各客户经理来协调。

客户品牌经理负责制定其所主管品牌市场的长期和年度规划、分析客户的动向及公司应向客户提供什么新产品。这种品牌管理组织的最大优点是：品牌营销按满足消费者的各类不同需求来组织和安排，而不是集中在营销功能、销售地区或产品本身。

(4) 地区型品牌管理组织

由于各地区的市场环境不同，许多公司按照地区来组织品牌营销机构。

许多大公司，如联合利华、IBM 都采取了这一形式。地区型品牌管理是一种多品牌的组织形式，其重点在于为不同的市场提供相应的产品及品牌，使品牌能够充分满足不同市场的要求。实质上，地区型品牌管理组织是以地域为细分标准的客户型品牌管理组织形式。

地区型品牌管理组织的优点是能够兼顾产品和市场，但组织效率不高，需要进行较充分的沟通，而且由于地区分散，部分地区的品牌经理可能会成为“独立国王”，再加上地方保护主义，则会造成公司总部的管理不力。

实行品牌管理的组织一般都设有一个全国销售总经理，下级依次为地区经理、销售主任、销售主管和销售代表。中国不仅面积大，地区性差异复杂，设立地区型品牌管理组织能够让公司的产品和品牌更加有针对性。

（5）品牌事业部制组织

品牌事业部制组织将各品牌或品类扩大成不同的事业部，完全独立核算，对利润指标负责。总部可按此结构建立成本中心、利润中心、管理中心的组织体制，事业部属于利润中心，工厂属于成本中心，总部属于管理中心，这样就建立了反应灵活的组织结构。

实行品牌事业部组织形式的公司，各事业部对本部门赢利负责，并直接建立各地的销售组织，不再实行统一的办事处机构。

在许多大型公司，还通过成立品牌管理委员会，以战略性的品牌管理部门或人员来通盘考虑品牌体系的建设。

例如惠普公司就成立了品牌管理委员会，主要职责是建立品牌体系策略，确保各个事业部品牌之间的沟通与整合，委员会不再隶属于市场营销部门，而直接归属于公司的最高决策层。

2. 建立品牌危机干预制度

品牌危机干预是企业为应对各种品牌危机情境所进行的规划决策、动态调整、化解处理及员工培训等活动过程，其目的在于消除或降低品牌危机所带来的威胁和损失。

对于企业来说，建立现代品牌危机管理体系是主动应对品牌危机的关键。

品牌危机管理制度有以下几方面内容。

（1）树立强烈的品牌危机意识

微软总裁比尔·盖茨告诫他的员工：我们的公司离破产永远只

有 12 个月。如同战场上没有长盛的将军一样，现代商场上也没有一帆风顺的企业。任何一个企业都有遭遇挫折和危机的可能性。对于这些危机处理不当，就会使企业多年辛辛苦苦建立起来的成果化为乌有。

危机中包含着“危”，也包含着“机”——危险和机会。危机的危险性和机会是并存的。“祸兮福所倚，福兮祸所伏。”危机的机遇在于，危机可以暴露企业的弊端，使企业能够对症下药，为进一步的发展扫清道路。

企业在危机中往往成为公众关注的焦点，如果危机处理得当，就可以比在常态下更有效地提高企业的知名度和美誉度。危机是有危险的，而危机的机遇在于企业成功地处理危机。

1983 年，美国强生公司面临着“泰诺危机”，这一案例至今还被人们广为称道。

当时，几名无辜患者在服用含有氰化物的药物泰诺胶囊后，神秘死亡。事后，很多观察家认为此事给民众造成的伤痛很快就会过去。但是强生公司总裁詹姆斯·伯克则不这么认为，而是迅速采取行动来应对当时的危机。

他不惜花费巨额的成本在全国范围内收回所有近期上架的泰诺胶囊，然后在电视台上表明该公司将会彻底解决类似的安全隐患之前，停止销售该产品。

可想而知，这一做法打消了消费者的担心，赢得了人们对强生公司更多的赞誉。而这个故事也迅速从泰诺胶囊的“致命威胁”中，转变为一家富有责任心和同情心的公司，成就倾尽全力保护公众健康和安全的英雄壮举。

在“泰诺危机”案例中，强生公司并没有在“哪些问题对自己重要”这个问题上纠缠不清，比如担心销售额下降或者法律风险，而是一开始就从消费者的安全问题上着手。他们在危机出现时，迅速把危机变为提升企业形象的“黄金时机”。人们也意识到，强生公司为有效的危机回应设定了一个“黄金标准”，提供了一个绝佳的典范。

企业进行品牌危机管理，应该树立一种品牌危机理念，营造一个品牌危机氛围，使企业的员工面对激烈的市场竞争，充满品牌危机感，将品牌危机的预防作为日常工作的组成部分。

①对员工进行品牌危机管理教育

品牌危机的预防需要依靠所有员工的共同努力，并教育员工认清每个员工背负的责任。全员的品牌危机意识能提高企业抵御品牌危机的能力，有效地防止品牌危机发生。

在企业生产经营中，员工要时时刻刻把与公众沟通放在首位，与社会各界保持良好的关系，消除品牌危机隐患。

②开展品牌危机管理培训

开展品牌危机管理培训，与品牌危机管理教育不同，它不仅在于进一步强化员工的品牌危机意识，还让员工掌握品牌危机管理知识，提高品牌危机处理技能和面对品牌危机的心理素质，从而提高整个企业的品牌危机管理能力水平。

（2）建立品牌危机预警系统

危机出现大多是有预兆的，但是大多数企业对于自身的问题没有正确的认识，往往危机出现时，手忙脚乱。“凡事预则立，不预则废。”作为一个有规模的企业，可以说危机是时刻存在的。小到企业人事变动，大到新技术开发、产品市场占有率等。

很多企业的公关部停留在发布企业通讯稿、接待媒体等烦琐事务上，这样的公关部最终沦为了企业和媒体的交易部门。没有策划能力，没有对企业的全局把握和洞察能力，没有实际的公关能力。甚至很多企业都抱着一个错误的观点：做公关就是做广告，需要大量的资金投入。

事实上，公关和广告有很大区别，广告专注诉求，公关借助沟通；广告张扬，公关内敛。所有问题的解决，都要定位在沟通上。

企业要想预防品牌危机，就必须建立高度灵敏、准确的预警系统。信息监测是预警的核心，随时搜集各方面的信息，及时加以分析和处理，把隐患消灭在萌芽状态。

预防品牌危机，需要做好以下几种信息的收集与监测：

①随时收集公众对产品的反馈信息，对可能引起品牌危机的各种因素和表象进行严密的监测；

②掌握行业信息，研究和调整企业的发展战略和经营方针；

③研究竞争对手的现状，进行实力对比，做到知己知彼；

④对监测到的信息进行鉴别、分类和分析，对未来可能发生的品牌危机类型及其危害程度做出预测，并在必要时发出品牌危机警报。

（3）建立品牌危机管理机构

要进行有效的品牌危机管理，就需要建立品牌危机组织机构，这是处理品牌危机必不可少的组织环节，而且在日常品牌危机管理中也非常重要。

品牌危机发生前，就要做好品牌危机发生的准备工作，建立起品牌危机管理机构，制定出品牌危机处理工作程序，明确主管领导和成员职责。

成立品牌危机管理机构，可以顺利处理品牌危机、协调各方面的关系。品牌危机管理机构的组织形式，可以是独立的专职机构，也可以是一个跨部门的管理小组，还可以在企业战略管理部门设置专职人员来代替。企业可以根据自身的规模以及可能发生的品牌危机的性质和概率灵活决定。

3. 品牌危机攻略：利益冲突的禁制

在危机来临时，只有坚持实事求是，不回避问题，勇于承担责任，才能最终获得公众的同情、理解、支持和信任。

2001 年 9 月，南京知名品牌冠生园被中央电视台揭露用陈馅做月饼。在事件曝光后，冠生园公司接连受到当地媒体与公众的严厉批评。

面对即将掀起的产品危机事件，作为一向具有良好品牌形象的老字号企业，南京冠生园却做出了让人不可思议的反应：既没有坦诚承认陈馅月饼的事实，也没有主动和媒体与公众进行善意的沟通，赢得主动，控制危机。

南京冠生园反而公开指责中央电视台的报道蓄意歪曲事实，别有所图。并在没有确切证据的情况下振振有词地说："使用陈馅做月饼是行业普遍的做法。"

这种背离事实、推脱责任的言辞激起媒体和公众的一片哗然。一时间，媒体和公众猛烈谴责，同行企业一致严厉批评、消费者投诉、经销商退货潮等，令事件迅速恶化，最终导致冠生园葬身商海。

在铁的证据面前，冠生园竟然还坚决否认，没有任何承认错误的表现。冠生园这个具有 88 年历史的著名食品企业在这一空前的危机事件中处理不当，最终自食其果。

任何一次危机在发生以后，出于本能，当事人都会迅速地做出自我保护和自救。一旦危机爆发，通常就会成为媒体和公众关注的焦点。假如企业危机管理者反应迟钝，不能迅速查明真相，并在第一时间给消费者一个合理的解释，往往会“屋漏偏逢连夜雨”，结果会越来越糟。

反过来，如果企业能够迅速做出正确反映，表明企业的态度，化解媒体和公众的不满情绪，得到媒体和公众的信任。效果往往会很理想。像前面所讲的，美国强生公司正是凭借卓越的危机处理能力，成功地度过了泰诺危机事件，而冠生园的做法是自食其果。

（1）公关的原则和关键点

在危机事件发生后，许多企业的管理者第一反应是尽快澄清事实，还我清白。但是他们却忽略了非常关键的一点，在很多时候，自我辩解不仅难以证明自己的清白，反而越描越黑，引起公众强烈的反感。

这个道理非常简单，任何危机事件自我辩解都是考虑自己的利益，而不考虑公众的利益，就像运动员不能兼裁判员一样，这些人的辩护只能更加激怒公众。

众多的危机公关事件证明，如果想澄清事实，需要来自权威机构的声音，比如质量检测部门、主管机构、监督机构等，在新闻发布会上，权威机构的一句话胜过企业的一万句话。对一部分企业来说，即使无法得到权威机构的声音，也可以配合权威机构调查，撤回问题产品，这样比起徒劳无功的自我辩解也有效的多。

通常情况下，危机发生后，企业需要明确由谁来说、怎么说。

企业内部应该确定发言人，让企业内部的所有成员统一口径，统一行动，一个声音对外说话。

在同一个危机中，企业内部如果传出不同的声音，是危机管理的大忌，不仅会令原本简单的事态趋于复杂，更会暴露出企业的一些“矛盾”，甚至可能引发新的危机。

要想恢复自己企业的信誉，关键点在于道歉是否诚恳。确保道歉产生效果，需要由企业最高管理者出面发布信息，并拟定问题的解决方案，提供必要的补偿措施。承认错误，就要尽量不要表现出自我保护的意识，推脱责任。直接面对问题，并承认和平息问题。

公司声誉重建的成功取决于危机发生时公司的形象，起始点很重要。如果你的道歉不够诚恳，没有提出解决方案，道歉就不会产生效果。人们必须相信道歉是值得信任的。你必须考虑金钱补偿和公众的情绪。

（2）把握危机公关最佳时机

食品安全问题往往容易引发危机。

2005年，肯德基热卖产品“新奥尔良烤翅”和“新奥尔良鸡腿堡”发现可能含有致癌物质“苏丹红一号”。信息传播速度惊人，一时间，各大媒体谈“红”色变。

肯德基对这个危机事件是很坦诚的。他们马上下令在所有肯德基餐厅停止销售“新奥尔良烤翅”和“新奥尔良鸡腿堡”，同时销毁所有剩余调料。肯德基对待消费者十分坦诚，表现出对消费者健康的极为重视。

一个具有较高情商的商人，不仅要懂得如何利用媒体，更要去引导媒体，这样才能起到四两拨千斤的效果，进而使企业获得良好的社会影响力。媒体人虽然社会地位不高，但是他们利用一张嘴和手里的一支笔就足以让你焦头烂额了，这就是他们的潜在影响力。

当企业因信誉问题或者产品的质量问题而引发公关危机时，企业应该努力认错，并想办法获得公民的同情和宽容。聪明的企业家能够冷静应对舆论危机，并巧妙地化险为夷。

下面跟大家讲讲在中国地区比较著名的三家企业是如何应对公关危机的，相信这三个活生生的例子能给大家带来一些启示。

巨能钙含有过氧化氢的消息一经传出，它的生产厂家一直否认自己的产品有问题。巨能公司负责人一方面在新浪网站向消费者进行解释，另一方面当着媒体记者的面大吃“巨能钙”，并公布要起诉有关的媒体。

巨能公司面对这次公关危机，有几点是可圈可点的：在第一时间对事件做出反应；积极面对媒体，不推三阻四，对媒体始终保持开放的态度；公司总裁担当第一新闻发言人，表明公司对此事件的重视程度；开通24小时热线电话，及时与消费者沟通。但同时却犯下了致命的错误。他们忘记了企业的核心价值观危机治理有道亦有术。危机治理的“道”根植于企业的核心价值观与社会责任感，是企业得到社会尊敬的根基和前提。危机治理之“道”是危机治理之“术”的纲。

危机发生后，公众最关心的是两方面的问题：一是利益的问题，无论谁是谁非，企业应该承担它的责任。如果企业不从自身找原因，而去追究其他方面的责任，最终导致各方各执己见，加深矛盾，引起公众的反感，更不利于问题的解决。二是感情问题，公众很在意企业是否在意自己的感受，因此企业应该站在消费者的立场上表示同情和安慰，并通过新闻媒介向公众致歉，解决深层次的心理、情感关系问题，从而赢得公众的理解和信任。因此企业在遭遇这种危机时绝对不能选择对抗，态度至关重要。

然而令人遗憾的是，巨能公司把危机公关搞成了一场与公众的辩论赛，无论是律师函，还是公开信，或者是在与网友聊天中，巨能都在一味去辩解巨能钙无毒，把出事原因归结为离职员工报复或是竞争对手恶意炒作，而不去从自身找原因。丝毫没有考虑假如巨能钙有毒会对消费者造成的危害。

当年的三株口服液所面临的危机远远不如巨能钙危机这样来势汹汹，早在危机发生初期，三株如果及时调查清楚事实真相并及时借助司法机关的帮助，完全可以阻止这场致命风险的形成和发展，平安躲过这样一次灭顶之灾。

但三株面对突如其来的事件听之任之，没有丝毫的反应和应对之策，放任的结果就是势态不断恶化，问题越积越多，从而丧失了化解危机的最佳时机。

而同样遭遇质量问题的博士伦眼镜，在事发后的第二天，就采取了积极有效的措施，多渠道展开沟通，将危机的危害程度降低到最小化，并努力把危机控制在企业能够承受的范围之内，为在短时间内安然度过危机打下了良好基础。

事件爆发后，无论在新加坡，还是在中国内地、中国香港，博士伦都能以一种积极主动的姿态，积极配合当地政府相关部门协助调查事情的真相，寻找消费者眼睛感染的最终原因。

此外，博士伦在不回避并勇于承认其可能存在产品责任的同时，呼吁消费者要加强预防，以避免同类情况发生。

博士伦方面称："鉴于真菌性角膜炎的发病与生活环境和个人卫

生习惯高度相关，博士伦公司诚恳地建议隐形眼镜佩戴者应注意个人卫生，严格按照正确的程序使用和护理隐形眼镜。”这一番“巧妙”的声明，既分解了外界压力，又适时地向公众说明了产品使用不当或消费者不良的卫生习惯同样是可能造成眼睛疾病的诱发原因。

从巨能钙，到三株口服液，再到博士伦隐形眼镜滴眼液，相似的危机事件，却是不同的影响和结局。经历这样一场场的危机风波，巨能倒了，三株倒了，博士伦虽然受到不小冲击但仍能大旗不倒。

勇于面对现实，在关键时刻做出让步，并勇于承担责任的姿态和做法重拾消费者对产品的信心，从而安然度过危机。

从这个意义上来说，中国的企业家们在学习一些优秀企业时，不仅是简单模仿别人品牌危机应对的公关技巧，更重要的是要领会企业经营发展的基本理念和价值观。

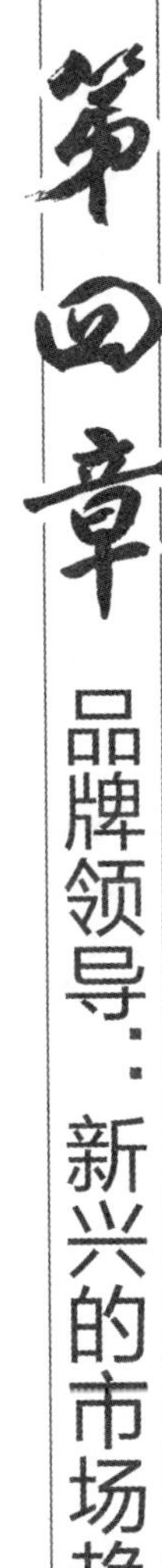

品牌领导：新兴的市场趋势

消费者对品牌的热情持续升温。高端品牌建设不可或缺，然而产能过剩、恶性价格竞争、同质产品泛滥、强势零售商等因素都是亟须构建品牌的原因，通过对品牌识别、品牌构架、超越广告进而打造成功的领导品牌。

第一节　品牌识别：品牌战略的基础

品牌识别是品牌营销者希望创造和保持的、能引起人们对品牌美好印象的联想物。这些联想物暗示着企业对消费者的某种承诺。

1. 对品牌识别的阐明与诠释

品牌识别指从产品、企业、人、符号等层面定义出能打动消费者并区别于竞争者的品牌联想，与品牌核心价值共同构成丰满的品牌联想。

品牌识别也可以称之为品牌拥有者期待着留在消费者心智中的联想。一个强势品牌必然有丰满、鲜明的品牌识别。科学完整地规划品牌识别体系后，品牌核心价值就能有效落地，并与日常的营销传播活动（价值活动）有效对接，企业的营销传播活动就有了标准与方向。

品牌识别的本质存在于品牌的价值、品牌的个性、品牌的长期目标和最终目标、品牌的一贯性、品牌的基本实际情况、品牌的辨识符号。这六个方面构成了品牌的内涵。

2. 品牌识别系统实施流程

品牌识别系统的整个实施流程如下。

（1）定义品牌识别

定义品牌识别具体内容是实施品牌识别系统的起点，如果要品牌识别产生“反映企业能组织和希望做些什么、和消费者产生共鸣、能造成与竞争对手的差异”的作用，企业就必须确保由品牌识别所体现的品牌形象能实现的利益价值主张是与消费者利益价值主张相一致的。

消费者利益价值为功能性利益价值主张、情感性利益价值主张和自我表现性利益价值主张。通过倾听、了解、获悉的方法来确定消费者的利益价值主张，并以此为标准，准确定义品牌识别的具体内容，然后以这些品牌识别内容为框架构建具体的品牌形象。

（2）建立和消费者的关系

建立品牌与消费者的关系，不应该局限于产品范畴里，而应该以消费者为中心，以建立起一种“如同人与人之间的关系”。这就要求赋予品牌人性化的特征，使品牌能够成为消费者的朋友、老师、顾问或者保镖等，从而使品牌在消费者日常生活中扮演某个角色。

消费者的利益价值主张在这人性化的品牌形象中得以体现，品牌将会获得消费者的认同，使消费者对品牌产生强烈的归属感，为最终形成品牌忠诚奠定了基础。

（3）品牌形象的传播

始终保持品牌形象的持久一致是企业品牌化工作中的重点和难点。为了保证形象的持久一致，传播的主体企业在传播的过程中必须清楚三个最为基本的问题：传播的目标受众是谁？传播什么内容？

怎样进行传播？

消费者利益价值主张统领着企业的整个传播战略。它为品牌提供了定位的依据，通过品牌定位明确品牌的目标受众，然后企业配合最能体现消费者利益价值主张渠道，积极向消费者实施以其利益价值主张和品牌识别为主要内容的品牌定位传播，使消费者充分获得品牌形象的有关信息，为在他们心目中能形成一个鲜明、具体的品牌形象提供前提条件。

完成建立和传播品牌形象，企业还需在执行层面维持这个品牌形象在消费者眼中的持久一致。达到这个目标的重要条件是“两个一致”：品牌所有者必须达到从高层管理者到企业一线员工对消费者的利益价值主张认识一致；所有的市场营销活动实现消费者利益价值主张前后一致。

（4）消费者体验

消费者体验的主角是消费者，但主导的则是品牌的所有者。因为消费者体验是否愉悦将很大程度上取决于品牌所有者提供的经历内容是否符合消费者的期望。

在消费者的体验过程中，消费者与品牌每一次接触都将产生一个或者多个接触点。品牌所有者通过这些接触点向消费者传达关于品牌形象的信息，这些信息使消费者能对品牌的具体形象进行感知和联想，加深消费者对品牌形象的印象。

消费者与品牌的接触点分为有形的，如产品包装、配送等，和无形的，如企业文化、员工士气等两种类型，但无论是有形的还是无形的接触点向消费者传播的信息所体现的品牌形象都应该是一致的。

经过消费者体验品牌的过程，品牌的形象在消费者心中真正地建立起来。品牌所有者需要通过不懈的努力去维持品牌形象在消费者心中的良好和持久一致，使品牌识别成为消费者辨别具体品牌的有力标准，这样企业最终将会获得由战略性的品牌资产带来的具有竞争力的、强大的市场优势。

第二节　品牌结构：获得清晰的协同与延展应用

1. 品牌结构的概念

所谓品牌结构，就是回答一个企业需要多少个品牌、品牌之间是什么关系的问题，品牌结构贯穿在企业整个市场策略之中。

我们知道，品牌是企业的一种无形资产，那么，既然是资产，若没有有效地运用，它就不可能继续增值。而很多企业的品牌战略并没有有效地利用它的品牌资产。

2. 品牌结构的类型

（1）共享式品牌结构

共享式品牌结构指的是多种类型的产品共同使用一个品牌名称的方式。由于共享式的品牌在各种产品上均烙上了统一的企业或文化背景，因此有利于新的产品类别共享已经建立市场影响力的产品和品牌形象资产，节省导入期的营销成本和缩短导入期的时间长度。

共享式的品牌延伸一般不太适宜行业跨度较大的延伸，因为一方面可能其品牌资产共享价值很小，另一方面还可能给消费者造成品牌身份和角色混淆的不利状况出现。

如果运用品牌资产不当，有时会造成品牌危机，这个现象现在国内尤为普遍，很多国内企业将他们的品牌无限制地延伸，这样是很危险的。

宗庆后是伟大的战略家，他的“一字长蛇阵”品牌战略所向披靡，战无不胜，让竞争对手不能望其项背。然而，品牌扩张的路线上，进军童装可以说是出师不利。

娃哈哈的主力在饮料行业，他努力让娃哈哈的产品种类更多，更有竞争力。我们不妨看一下娃哈哈系列产品的推出时间：娃哈哈6果奶——1991年；纯净水——1996年；第二代AD钙奶——1998年；非常可乐、非常柠檬、非常甜橙等“非常”系列饮料——1998年；非常茶饮料、冰红茶、有机绿茶——1999年；娃哈哈纯牛奶——2000年；娃哈哈果汁、高钙果C系列产品——2002年；功能饮料“激活”——2004年……

目前，娃哈哈已经形成由乳饮料、瓶装水、碳酸饮料、茶饮料、果汁饮料、罐头食品、保健品、休闲食品等8大类60多种产品组成的“长蛇阵”。

而宗庆后是个不知疲惫、永不满足的人，在食品行业进行了多元化的发展后，宗庆后又开始了新的江湖行。他试图让娃哈哈进入生产领域的多元化，走出食品饮料业，进入一个新的疆域。他相信，两条腿走路永远会比一条腿快。

早在2002年，宗庆后就打好了两条腿走路的算盘，也是在2002年，“杭州娃哈哈童装有限公司”成立。“杭州娃哈哈童装有限公司”隶属于娃哈哈集团，是宗庆后多元经营的尝试。

起初，娃哈哈打出了“绿色环保童装”的招牌，注重童装的健康、舒适、漂亮的特色，娃哈哈打出的概念牌，对日益聪明的中国消费者来说，不是一个新鲜的概念，曾几何时，矿泉水、内衣、白酒、木质地板都不约而同地喊出了“健康、环保”的概念口号。

残酷的市场现实给娃哈哈泼了一盆冷水，也让宗庆后明白“绿色环保童装”并不是一张好牌。宗庆后在童装公司成立时制订的年内发展2000 家娃哈哈童装连锁店的计划，最终以800 多家暂告段落。

共享式的品牌的延伸不适合向更靠前的行业进行延伸。因为，在发展较为成熟的行业，品牌对市场的覆盖面通常更广一些，而在滞后一些的行业，品牌对市场的影响范围通常比较窄。

从影响范围大的行业向影响范围小的行业延伸时，由于市场对于原有的品牌已经形成了比较固定的概念，因此对新的行业、产品信息的接受会比较困难，而且新的行业、产品信息的接受必然会挤掉一些原来的品牌信息，因此原有的品牌形象受到稀释，市场竞争力受到削弱。

相反，如果从影响范围小的行业向影响范围大的行业延伸时，由于面对的市场有较大部分是以前较少接受过原品牌信息的新的消费者，而且发展较为靠前的行业通常比较为靠后的行业在品牌形象上更倾向于工业化、技术性方面的内涵，因此向靠后的行业延伸时，在品牌形象的塑造上就可以节省建立此类形象的时间和资源。

比如，工业化工市场的营销发展阶段明显滞后于日用化工市场的营销发展阶段，如果从日用化工向工业化工延伸，日用化工的品牌影响力对工业化工品牌就不会有多少帮助。

（2）独立式品牌结构

独立品牌一般与特定商品的功能、属性等有很强的对应联想，或者有很强的文化个性风格。这类品牌不适合品牌延伸，因为品牌延伸所赋予品牌的新的内涵很难让消费者认同，而且原来已经建立的品牌形象也会因为新的形象的“掺杂”而被消费者认为已经“贬值”，因此会给企业造成“赔了夫人又折兵”悲剧。

比如，对消费者个人形象具有重要影响的传统型行业和产品最好采用独立式的品牌结构，这样才能有利于品牌力的提升。像万宝龙、555 香烟、耐克、雪碧、第五季等就属于独立品牌。

（3）母子式品牌结构

母品牌延伸出子品牌，可延伸范围最广，限制也最小，不过一般也不宜进行跨行业的延伸。因为母品牌是企业形象式品牌，它的主要对外功能就是为子品牌或副品牌提供信赖的背景形象。

例如，宝洁这个品牌就为飘柔、潘婷、海飞丝、玉兰油等子品牌提供优质的品质形象，而子品牌则重点塑造产品特点和品牌文化形象。

母子式的品牌结构模式一般适用于较为传统和成熟，而产品质量又不太容易分辨的行业，以及较为大型和已经具有较高知名度的企业。

（4）主副式品牌结构

主副式的品牌结构是为了区分具有一些不同功能、特点和级别的同类产品或不同的形象风格而采用的品牌结构模式。

例如海尔—小王子、本田—雅阁、白沙—金世纪等就属于主副式品牌模式。

（5）多模式品牌结构

多模式品牌结构指的是上面所介绍的两种以上模式共同存在的品牌结构组合方式。

3. 如何建立品牌结构

品牌不仅是一个知名度，而且是一个企业所有的思想行为。只靠传播可能不足以成为品牌，我们不仅要“听其言”，还要“观其行”。

一个企业要想建立一个品牌，不是说你将广告做得非常好就代表你有品牌，而是当一个企业、一个品牌理念和产品线各方面跟广告所说的一模一样的时候，你才有可能成为品牌。

还存在一种现象，如果一个企业拥有几个品牌，那么品牌的拥有者将重金投放在所有的产品和服务方面，他们偶然也会为品牌做做广告，梳理一下销售渠道，然而这些东西都是各自为政，所以，一个企业可能广告做得很好，但是整个品牌却建立不起来。也就是说，同属于一个企业的品牌，没有产生协同效应，没有产生1+1>2的效果。

其实，一个品牌公司，正确的操作模式是：商品策略后面有一个品牌策略去整合所有的东西，包括产品、人事制度、广告、公关，其他与品牌相关的行为。这样才能完整建立起自己的品牌。

回过头来，品牌结构也就是：根据从品牌的角度，然后以组织作为一个整体时，如何去构造与传播者、旗下各部门、你的战略联盟之间的关系。

很多企业常遇到下面的问题。

（1）组织扩张，企业复杂程度增加

企业扩张之后，会有多品牌、多产品，可是也伴随着更多的风险。

比如某公司在北京、上海、广州等全国各地有十几个分公司，这时应该怎样去管理？当然，现在十分流行并购，或者说合并，可合并之后如何处理品牌问题？

（2）品牌结构的整体综合效应

对于一个企业来说，运营的品牌越多，运营的成本就越高。每一个产品和品牌都要做广告，都要去增加销售渠道。

当下，市场变化非常快，大概3～6个月就会有一个非常剧烈的改变，那么如何面对这个快速改变的市场呢？

这就要求我们将品牌结构弄好，去定义修饰什么是集团公司，什么是子公司，什么是企业部，什么是产品线，然后发挥整体综合效力。

品牌结构要能够描述独立的个体，即集团公司、产品、产品和服务之间的关系；能够描述一个组织在做什么，处在一个什么位置，它能够提供什么样的产品或服务；它是一个怎么样的组织，是一个家电的组织还是提供人类生活现代化的组织；它能反映客户群的何种需求和分布。

第五章

品牌营销：撬动高端消费品牌

对国内的品牌而言，第一要务是练好内功，在产品本身上下功夫，把好产品本身的品质、设计、工艺、造型等基本价值，从各个细节锻造一流品质的产品，让更棒、更有创新性的产品成为价值观的坚固基石。好的产品自己也会说话，是一个自动营销专家。

第一节　价值营销：高端品牌的核心秘诀

1. 消费者对品牌价值的追求

下面是不同消费者对高端品牌的看法：

“我的电脑是公司配的，联想的 ThinkPad，结实耐用，小巧，出差携带方便，它传递的那种价值观我很欣赏，很契合我的状态。苹果电脑在我看来虽然很多性能挺时尚，但我不是那种只追求时尚的消费者，而且我认为它现在的做法与苹果一贯坚持的‘个性化’不符。我更认同那些在价值观上打动我、在产品性能上能满足我需求的品牌。”

“我的手机是 HTC 的，它够大，屏幕颜色非常漂亮，‘谦和之中见卓越’的精神很触动我，人就应该谦和点，太显山露水未必好。有些人买 iPad，那个屏幕也很大，但我觉得没什么特别意义，拿 iPad 的多数喜欢 show off（炫耀）。”

除此以外，在家具建材等耐用品消费方面，高端消费者们更是体现出了对高价值产品的追求，如下面的例子。

“我老公很喜欢杜拉维特的卫浴，他觉得那个有独特的设计理念，是设计师的获奖作品。前两天才知道这个牌子最近还涨价了。”

“我们现在用的床是慕思这个品牌，是当时成都最好的，花了7万多，2米2，很大，让人特别放松。好像是一个法国品牌吧，我记得它的广告是法语版的。”

“电器是跟老公一起拍板的。我们都认为要选那个种类里最有价值、最契合我们的品牌，唯一需要讨论的是具体买哪个型号。”

“我家的空调，三菱电机、格力都有，因为要用在不同区域。主卧室和客厅的空调经常要用，所以安装了三菱电机。我婆婆、两个姐姐也是用三菱。它性能比较好，虽然价格贵一点。然后一些次卧、书房，就装格力空调，用得比较少。”

“如果让我选择（产品）时，价格、品牌、质量，三者排序，肯定质量在前面，第二位是品牌，而且要有独特的价值和风格。太大众化的和平庸的品牌不适合我。”

从上面众多的高端消费者访谈中可以发现，高端消费者往往有自己选择品牌的一套模式，而那些契合他们价值观并满足功能属性的品牌最能赢得他们的青睐。

2. 品牌存亡关键：独特的产品价值

在品牌泛滥并且产品同质化严重的今天，如何在众多品牌中突围，紧紧抓住目标消费者的眼球，是企业市场营销一直在研究的重要课题。

当前，消费者发现和识别品牌的渠道碎片化、多元化，他们在每个品类中寻找最优势的、最能带给他们价值的品牌和产品。高端消费者对商品品牌有着较高的要求，不仅关注产品本身的设计、工艺等，还希望品牌与自己有一致的价值观，能体现自己的风格，契合自己的身份地位。

对他们而言，品牌是一种商业标示，更是一种社会符号；用哪个品牌，代表“我”是哪一类人。价值营销的意义就在于，以高价值的产品及独特的品牌信仰，满足消费者挑剔的眼光。

一般而言，产品的价值分为两个部分。

（1）物理价值

这是产品最能令人直观感受的部分，如产品的设计、包装、质量、用料、功能等。一个高端的产品，必须要有高价值的物理价值支撑，让产品从外观上看起来就很有“腔调”。

一个伟大企业之所以伟大，是因为它拥有一个或者数个卓越的产品，产品在市场上的成败，直接影响着企业的兴衰与未来。

试想如果没有乔布斯打造的iPod、iPhone、iPad，没有优秀的质量和精致的工业设计，苹果公司不可能成就如今的业绩神话，成为如日中天的科技公司。而卓越的产品物理价值是对卓越产品的基础要求。

（2）精神价值

如果说产品的物理价值是品牌成功的基础，那么精神价值才是令品牌与众不同的关键。产品的精神价值包括它的品牌信仰、品牌价值观、品牌个性等，它们共同赋予品牌灵魂，并持续拉动品牌的溢价能力。

正如巴菲特先生指出的：“每个伟大的品牌背后都有一个卓越的

商业理念，强大的品牌承载着远远超越产品性能自身的价值。”

价值营销要求品牌给消费者提供最高的物理价值和独特的精神价值，因此两者缺一不可。

3. 让产品成为广告

消费者对许多经典品牌的记忆，是和它们成功的产品设计分不开的。比如 Tod’s 的豆丁鞋、M&M’s 的彩虹巧克力、LV 的经典底纹。高性能、创新设计、独特包装等物理属性，使产品本身就是一个完美的广告载体，它不仅满足高端消费者对高品牌产品的追求，也能促进产品在消费者所在圈层中进行传播。在产品本身下功夫，是打造高端品牌的第一要务。

高端消费者对产品本身的关注，直接影响他们对品牌的印象和评价。优良的产品是打开消费者心智的第一把钥匙。

在麦肯锡的研究中，中国高端消费者选择国际一线品牌的第一个理由就是“做工精良”。他们非常识货，不少人具有专家般的鉴定眼光和品位。

有些被访者在描述他们很满意的一件商品时，能够把物品本身的设计、颜色、用料、手感、功能、价格甚至产地都描述得清清楚楚。

“我就选择了身边的一个私人会所做美容。那个私人会所是我们整个物业小区的私人会所。嗯，6000 元一年。它是一个独立的机构，物业的配套设施，有两个游泳池，设施非常棒！它大概是上海数一数二的会所。”在上海的 T 小姐如此描述她选择的美容会所。

像这样的例子不胜枚举。高端消费者更看重产品物理价值本身，有时候，当产品本身的品质与其高价格不匹配时，他们也很容易转换品牌，并会将产品的负面信息向其他人传播，同时也可能瞬间就抛弃这个品牌，转向其他。

“我家的‘烟灶消’（油烟机、燃气灶、消毒柜）、微波炉，之前是伊莱克斯的。但我的保姆经常向我投诉说这个不好，功率不够，虽然漂亮，但不适用我的家庭。后来身边的朋友推荐用国产大功率的，国产品牌的设计更注重中国消费者的需求，更契合中国的厨房环境，我就换了方太。”

可以说，高端消费者的自我性非常强，体现在他们购物的随意和理性。随意指的是对品牌的挑选，他们并不会为了显示自己的财富而只买一线品牌；理性指的是他们对产品本身的关注，他们寻求的仍然是性价比最高的商品。即使当中有些消费者可能并非如此，当他们向其他人表达自己的时候，依然维持着一种随意和理性的姿态。

4. 品牌信仰才是灵魂

产品或品牌的精神价值是真正的内核，尤其是“品牌信仰”，是一个品牌的灵魂，企业所有的活动都需要围绕这一灵魂展开。它不仅是传统营销学所描述的“核心价值”，它是一种精神，一种召唤，一种可以令消费者认同、令品牌为之奋斗的理念，因此称之为品牌信仰。

迪士尼认为，每个人都应该保留童年的丰富想象力，所以，它设计种种娱乐，提供神奇的体验；慕思信仰“睡眠让人每一天创造一个全新的自己”，因此它提供健康的睡眠系统；耐克信仰胜利，所以它鼓励人们勇敢去做。

新一代的营销必须是“价值观营销”，更注重企业的人文关怀和社会价值。也就是赋予品牌更多精神内涵，塑造独特的品牌信仰，以价值观赢得目标消费者的共鸣。

现代营销学之父科特勒认为，传统的营销1.0是机关枪般扫射消费者，用大量的广告推销产品；营销2.0是以顾客为中心，试图通过各种媒介去沟通。但当今，只有营销3.0才可能令企业获得成功，也就是以价值观去打动消费者，并使之产生认同和购买。

高端消费人群中，他们大都具有独特的价值观和人生追求，对生活、对幸福、对生命的本质都有自己的理解，并会根据自己的价值观来选择相匹配的品牌和产品。

以某IT公司的C先生为例，他对社会成功标准就有一套独特的看法。传统价值观将成功分为三个维度，包括经济维度，（经济成功或者说资本层面的成功）、知识维度（如行业专家领袖）及精神道德维度（如道德模范）。

C先生认为，成功还应该包含着对生命的尊重，享受自己的生活，不被政治、财富所左右，享受自我的状态，拥有自我认可的东西。“我一定要我自己认可的东西。”因此，C先生在消费时，他青睐那些认真、关注社会价值的品牌。

高端消费者会在某个品类中选择最适合自己的品牌，也就是在精神上最契合的品牌。

有一位Y小姐，她自认为是一个优雅的人，因此，她所选择的品牌都必须匹配和衬托她与众不同的低调优雅：菲拉格慕手袋、香奈儿香水、浪琴手表、蒂凡尼项链。

正如阿玛尼代表了“简洁”，LV代表了“经典”一样，独一无二的精神价值，使得品牌能占据消费者心中独一无二的地位，成为他们身份的象征、自我价值的表达者。

因此，高端品牌的打造必须赋予品牌独特的价值观，品牌有信仰，才会有灵魂，以实现与消费者的心灵沟通，成为契合他们心灵与境界的“陪伴”。

第二节　顾问营销：个性化的“私人定制”

1. 品牌顾问增加客户信赖

在购买决策前，高端消费者非常看重专业顾问的意见。

“内衣吧，我现在用的都是调整型的，是那个美容院给我介绍的，他们寻求专业生产调整型塑身衣的企业，根据我的身材定制的，一套6000多元钱，差不多穿了一年多。”

38岁的Y女士对内衣品质的要求较严格，她现在购买内衣，主要通过可信任的美容顾问推荐而购买高端定制内衣，她相信其专业眼光，如此一来也无须在这方面多费心。

可想而知，在高端美容院这样专业度高的地方，凡是有关美的商品，都可引发顾客对产品的探索欲，尤其是当其能满足自己的需求时。在美容或美体时，美容顾问和顾客形成信任的关系，用自己本身的专业能力来征服高端消费群体，使消费者在遇到相关领域的问题时，自然而然会来征询专业人士的意见。

所以，品牌顾问的存在，有利于第一时间了解消费者的需求，并将其需求及时地转换为专业的语言及个性化的服务方案，说明已有或潜在的客户，抓住商机，挖掘本产品市场。

顾问式营销与传统营销方式有很大区别。

（1）消费者角色

从“上帝”（或者被动的接受者）到朋友，高端品牌的顾问营销不再一味抬高顾客身份，也不再将他们当作被动的信息接受者，而是像朋友一样，在“分享”对品牌的看法和态度，他们从不平衡转向平等对话。

（2）产品

从性价比高到真正需要。顾问式营销从消费者的切实需求出发，给予解决方案，站在消费者喜好与需求角度给予建议。

（3）营销目的

从购买到赢得信赖。顾问式营销不简单关注将产品“销售”出去，更关注赢得消费者的信赖与认可，通过高水准的服务和专业知识建立信赖，为品牌忠诚打基础。

（4）营销流程

从简单到迂回。麦肯锡对顾问式营销的研究模式帮助我们更好地理解了两种模式的不同，如图 5－1 所示。

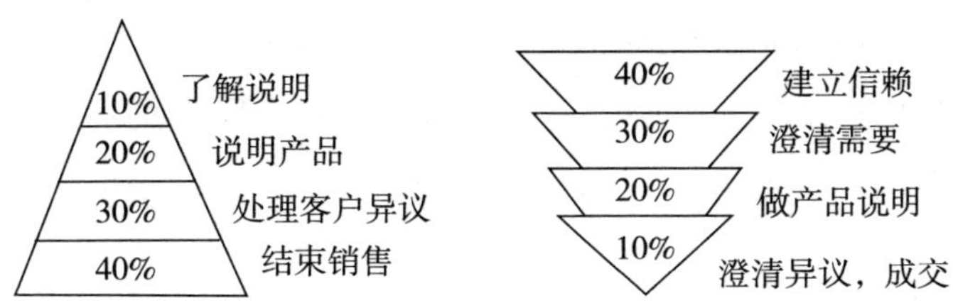

图5－1　传统营销（左）与顾问式营销（右）的流程对比

从建立信赖开始，到了解消费者需求，到产品说明及根据需求定制，到最后的成交，顾问式营销更关注针对消费者需求的针对性服务。

2. 顾问让客户更显尊贵

一件内衣藏有的专业知识足够可以完成一次成功的顾问式营销，但如果你无法洞察这种深度需求，这笔买卖是很难完成的，所以顾问式营销不仅存在于投资或理财产品中，也存在于我们日常消费品当中，而这正好是打入高端消费人群的契机。

在针对高端消费者时，顾问的专业技能能促使他们为消费者提供适合他们的商品或者解决方案，让他们在专业知识和高品质氛围的影响下，做出明智的选择判断。

（1）顾问只为消费者而存在

汉应劭《风俗通·十反》："旧俗常以衣冠子孙，容止端严，学问通览，任顾问者，以为御史。"在汉代，顾问一词已有供帝王咨询的侍从之臣的意思，"顾问"的形象端严，博学多识，从而成为皇帝的左膀右臂。

在高端消费中，虽没有典故中这样夸张，但由此可见，顾问式营销首先体现的是以专业的咨询者为核心的营销方式。

在慕思睡眠系的营销案中，营销者成功地启动了消费者教育，在睡眠上进行了细分，也许只是一个简单的床，但是其导入了关于人体睡眠等专业性知识来面向专门特定高端人群来定位该产品。

（2）捕捉消费者细微需求

睡眠看似简单，但你的睡眠和我的睡眠不一样，人们的睡觉姿势、对枕头高低的要求、对床垫的软硬要求不一样，高端消费人群不仅对满足功能性的品质要高，更重要的是产品要有超越一般功能的核心品质，这种品质不仅要有理有据，有强大的专业能力支撑，你还要有打动他们的专业背景知识的引导。

顾问式营销不仅可以通过专业知识捕捉消费者心中的目标产品，也可以通过不断的专门化咨询过程描绘出产品的差异化走向。

（3）以顾问式互动抢占商机

顾问式营销不仅仅满足于只在单个产品中应用，其可以贯穿于整个产品的生产和销售链中，不仅可以对终端客户提供咨询，还可以从供应商到流通商，再到经销商提供顾问式咨询，在以赢利为目的的前提下，与各种利益关系进行互动和合作，在实践中发现新的需求和新的商机，使利益链上的各方获得双赢的局面。

顾问营销是营销人员运用分析能力、实践能力、创造能力、说服能力在充分领悟顾客的现有需求、预见顾客的未来需求的基础上，运用企业的专有知识技能，并整合全行业的存量资源，为顾客提出积极的建议和创造性的解决方案，从而在实现顾客利益的基础上实现自身的价值。

因此，我们可以总结出来，顾问式营销就是营销人员以自己的专业知识从顾客的利益出发，帮助顾客正确选择产品服务，满足顾客现有或潜在的需求，赢得顾客满意和忠诚的一种营销方式。简单来说，就是充当“顾问”，实现“双赢”。

3. 顾问所扮演的角色

传统的营销关系中，卖方是“售货员”，顾客是“上帝”。但在顾问式营销关系尤其是针对高端品牌的营销中，他们的相互角色已经发生了变化。

在顾客对商品或服务出现疑惑时，他会及时出现在顾客身边帮其解惑；在顾客诉说自身的要求和情况时，他会详细分析并帮助顾客找到适合的解决方案；在顾客一时无法明确自己的准确需求和理想产品或服务时，他会用专业知识准确洞察顾客自己都未知的需求。

顾问就是这样的角色。既是专家，也是朋友，这样的“顾问”形象在顾问式营销中是至关重要的。在营销过程中，品牌和营销人员必须清楚自己顾问的角色定位。

事实上，顾问这个身份，本身就是多重角色的复合体，顾问所扮演的角色主要有以下几种。

（1）朋友

这是顾问所要扮演的第一个角色。顾问要在高端消费者心目中确立一个值得信赖的形象——他不会欺骗我，不是在推销东西，而是真正地了解我，把我当作好朋友，推荐的东西很可靠也很适用，总之他是值得信赖的。

这是品牌顾问的朋友形象要达到的层次，也是最关键的一步。只有“扮演”好朋友这一角色，顾问式营销才能赢得高端消费者的信任，实现之后的营销过程。

并且，朋友的角色不仅仅体现在营销过程中。在营销结束后，顾问式营销仍然要像朋友一样热情地关照他的高端客户。

有人更是提倡，顾问式营销要推行“7/24 服务”，使客户一个星期7 天、一天 24 小时，无论何时都可以找到顾问，像最知心的朋友一样。

(2) 专家

顾问的一个重要职责就是提供专业的咨询，量身定做个性化的产品和服务。那么，就要求顾问具有一个高素质的专业人员形象。

一个好的顾问，显然必须是所处行业中的专家。顾问应具备行业和市场所应具备的专业知识，甚至具有权威性的发言权。这些专业知识主要指对消费市场的洞悉、对时尚潮流的把握、对企业品牌的认知、对竞争品牌的了解以及对消费者个人情况的理解。

顾问通过掌握并灵活运用这些知识，帮助高端消费者在收集信息、评估、购买的三个过程中了解产品的特性、优势，做出正确的产品购买选择。

另外，只有这个市场的专家才能正确洞悉高端消费者的个性化需求，甚至比客户本身还要了解。顾问不仅能够解决高端客户的问题，提供专业化的咨询服务，而且能察觉高端消费者自身都尚未察觉的需求，即为客户潜在的个性化需要提供终极解决方案，帮助他们找到正确的产品或服务，并为品牌赢得专业的形象。

例如，慕思的“顾问式销售”走在消费趋势的前端，精确定义十二种顾客形态，提供十二种睡眠解决方案，成就高端寝具品牌，形成了自己的独特优势。

（3）高端人群

作为高端品牌的顾问，顾问的形象要符合高端人群的设定。他必须是具有高端圈层所应有的高姿态、时尚品位、文化沉淀和尊贵气息。

①高姿态，是在与目标高端客户无限接近的情况下，在消费市场上保持高人一等的形象。

②时尚品位，是顾问应具备的符合高端消费群体的时尚触觉和潮流敏锐度。

③文化沉淀，是顾问应拥有的文化底蕴和接近目标圈层的文化情趣。

④尊贵气息，是顾问本身应具有高端消费者拥有或希望拥有的受人尊重敬仰的身份地位。

简单来说，顾问式营销中的顾问，既要像朋友一般接近高端群体，又要像高端群体一样具有高贵时尚的气息，才能实现平等有效的对话。

4. 顾问式营销技巧

顾问式营销有五大利器，分别是：赢得客户高度信赖，充当客户的好顾问，提供个性化的服务，重视并做好售后服务，实现双赢。但是高端品牌因其高质、高价、面对高端人群的特点，在使用顾问式营销的时候侧重点自然有所不同，具体的实施手段也不同。

（1）建立信赖

建立信赖首先要做到与高端消费者亦师亦友，顾问的形象既是专业人士，更是高端人群的朋友。朋友，则以尊重为基础，以倾听为媒介。

顾问式营销要求高端品牌的顾问尊重高端消费者，尤其是尊重他们对身份、地位的要求。一方面要尊重高端人士对身份地位、品位气质的情感需求，给予他们最大的满足，另一方面要耐心倾听这些高端消费者对品牌的需求甚至抱怨。在尊重的基础上，给予朋友般的建议和意见，是顾问式营销的理想实施状况。

高端消费者希望顾问式营销能提供专业化的指导，减少高端产品购买的风险。随着理智高端人群的日益增多，更多的人希望顾问式营销能提供专业化的购买指导，减少消费的盲从和盲目。

如果每一个高端消费者在购买或选择高端品牌之前对该品类的产品毫不了解，又或者对该产品品牌的特点、品牌文化毫不知情，那么即使是个高学历的高端消费者也难免会感到一头雾水。

如果盲目地听从亲友的建议或销售人员的游说而购买，则很容易承担购买品牌不适合自己的风险。虽然对于这个高端品牌来说，表面上完成了一次购买行为，但本质上却断绝了一个潜在的忠实客户。

提供专业化的意见，顾问如老师、行家一般帮助高端消费者做出符合自己需要的正确选择，不但能赢得消费者更强的信任，而且能将购买行为从一次性的消费转变成长久性的友好合作关系。提供专业化的指导意见，给予朋友般的贴心服务，正是高端品牌建立信赖的第一步。

（2）满足需求

顾问式营销尊重高端人群的不同需求，高端消费者对高端品牌的需求更加精细化、多元化和差异化。高端消费者追求的核心价值已不再局限于高端产品本身的物理功能，而是更加看重高端品牌的企业文化、符号象征以及所带来的精神附加值。

高端品牌要在每一个方面满足目标消费者的需求。小到功能诉求、终端氛围，大到品牌文化、身份地位的象征，都应该以高端人群的需求为立足点，从而体验到高端品牌所带来的细致入微的享受和贵宾般的荣耀。

同时，高端消费者的潜在需求也是顾问式营销需要挖掘的对象。顾问既要十分了解自己的产品和品牌，也要了解高端消费市场的行情；既要懂得最新的时尚潮流，也要懂得消费者心理变化的趋势。

总起来说，顾问式营销需要顾问在专业化的基础上具有很强的分析能力，这样才能发现高端客户自身都未察觉的需求。顾问式营销从高端消费者的角度来看问题，理解他们对于身份、地位、时尚等元素的渴望，理解他们的需求，甚至可以看出他们未说的潜在需求。

正如惠普（中国）有限公司认为，顾问式营销要求销售人员站在顾客的角度看问题，处处为顾客着想，使顾客的购物所得与购物支出的差值最大，然后顾客就会主动放弃竞争对手的产品，从而达到占领市场的目的。

（3）高端品牌私人订制

高端消费者的需求个性化导致了高端品牌的个性化——尽可能多地向高端消费者提供除基础功能之外的附加价值，例如品牌独有的文化、品牌所带来的时尚感以及品牌所赋予的独特身份地位等。这些都带来了高端品牌的个性化。

顾问式销售就是要通过提供这种个性化的产品和服务，制定适合高端消费者个人需求的解决方案来吸引高端客户，赢得他们与品牌的长期合作关系，形成对品牌的忠诚度。

这里的品牌个性化包括以下几方面：培养独特的品牌文化，赋予个性化的时尚品位，及时提供产品信息，开发适合高端客户个性化的产品，给予高端客户最大的精神附加值，同一类产品或服务的个性化订制，等等。

（4）产品销售及售后

顾问式营销是一个多次营销过程互相联系的有机整体。上一次销售的结束就是下一次销售的开始。对高端消费者的劝服和品牌形象的建立不因为一次销售的结束而结束。而且高端消费人群通常有自己的圈子，在圈层中口碑的力量是巨大的。

一个人的消费行为可能影响到一千个人对该品牌的认知情况。最终的销售情况和售后服务的优劣直接决定了高端品牌能否打入高端消费者的圈层，赢得良好的声誉。因此，顾问式营销的销售环节和售后服务是绝对不能马虎的。

在顾问式营销进行到销售环节，顾问依据高端消费者的个人需求和喜好对产品的高品质、个性化、与之的匹配性一定有着或多或少的承诺。与销售成绩相比，承诺的真实性和履行承诺显得更为重要。

同样的，顾问式营销还要求保持售后的感情联络。既然顾问式营销强调朋友一样的信赖感，那么销售结束后，时常与自己的目标高端人群保持联系增进感情是非常必要的。

最后，顾问式营销还要做好反馈意见的工作。在完成销售以后，顾问式营销要尽量得到高端客户的意见反馈。可以定期咨询高端客户；可以让高端客户参与品牌开展的活动来了解他们的使用心得；也可以邀请客户参与文化休闲活动，以交流的方式获得高端客户的意见。

这样的意见反馈，既满足高端消费者得到他人尊重的需要，又能及时了解他们对产品、品牌的意见和建议，既有利于品牌的改进和创新，又有利于与高端客户保持情感的联系，可以说是培养忠实高端客户的重要一步。

第三节　终端营销：最后一击在终端

1. 终端店是品牌直接形象代表

厦门的C先生不无风趣地说："如何获得品牌的知识？不是通过平面媒体或路牌，高端的品牌来自实体店。人都会有缺点，都有一种'登峰造极'的缺点，那就是虚荣心。实体店满足了大部分人的虚荣心，比如跪在地上给你弄鞋子，你手指粗夸你手指'长得有福气'，你发型普通也会被夸赞，满足你的虚荣心！所以我认为最有效的高端传播渠道是实体店。"

在C先生看来，品牌的终端店面是品牌直接形象代表，将消费者对品牌的好感转化为终端的购买，终端营销甚为重要。

每年都要出国血拼的T小姐在谈购物经时提及："去shopping，一定去它（所在）的shopping mall，我不在机场免税店买这些奢侈品。一个是款式比较少，还有它有点减少了奢侈品本身的饱和度。如果是别的，比如香烟啊，衣服啊，我倒没有那么排斥，但奢侈品的话我就一定不会在机场免税店买。"

她用了一个漂亮的说法——"饱和度"，降低饱和度，色彩再美丽的照片都会晦暗无光，正所谓“佛靠金装，人靠衣装”。如果产品本身拥有顶级的品质，打造同品质的终端，就是品牌“炼丹炉”的最后一道“火”，必要而必行！毕竟如今已不是“酒香不怕巷子深”的时代，市场传播声音冗杂，如何实现最后的拨云见日，就看终端带来的区隔！

2. 做足终端的价值

A专卖店有一款定位高端的瑞士手表，它引起一位女士的注意。因为碰见不少顾客看多买少，A店员漫不经心地拿表，往台子上一放。女士一脸不高兴，挑剔了两句，扬长而去。

而在B专卖店，同一款瑞士手表品牌的柜台前，当那位女士同样提出看表的时候，导购员从柜台内抽屉中拿出一个工具箱，轻轻带上白色的手套，并小心翼翼地拿出这款表。女士问了几个问题，工作人员都耐心地回答，而且很有几分专业的感觉。女士很高兴地掏出钱买下了那块瑞士手表。

同样的手表，到底差在哪里？答案是终端！

高端产品的终端形象以及在终端所提供的细节和服务是非常重要的。越是顶级的品牌，就会越多地把金钱和精力花费在终端建设上。除了展现品牌的魅力外，高端品牌通常会极尽可能在终端上进行交易气氛和沟通氛围的营造，最大化地表现和烘托出高端品牌的尊贵感，给消费者带来近乎完美的购买享受，完成产品到消费者手中的最后一环。

“终端”这个词虽然耳熟能详，其实并未出现在传统的营销理论中。最早的“终端”出自互联网，每一个在互联网上的计算机都可以称之为终端。后来，“终端”这个词运用在市场营销领域，其实，指的就是消费者接触商品和服务的地方，它是销售链的最后一环，是消费者购买产品的场所，也是商品达到消费者的最终端口。

从消费者的角度出发，终端营销就是企业在营销方针的指导下，利用企业内外部人力、物力、财力、信息等资源，以卖场资源为依托，对消费者进行的营销活动。而高端消费品市场的终端营销，自然是高端品牌围绕目标高端消费者制定相应的营销目标，以终端为依托，对其开展的一系列营销活动。

终端的表现往往能左右品牌的溢价：高端品牌的传播和美誉度，不光是靠广告传播和用户体验，终端的表现也起到举足轻重的作用。如果终端营销力度不够或者终端质量与品牌定位不符，将会严重影响产品的品牌溢价能力。反过来，如果终端表现优异，即使高端消费者没有时间看广告，抑或还没有体验过产品，也会对这个品牌产生好的品牌联想，直接提升品牌溢价。

首先，终端本身就是一种最直接的广告渠道。终端带给高端消费者的印象很大程度上影响了其对高端品牌的印象，从而影响他们对品牌的定位和认知以及他们的消费行为，地处繁华的终端卖场本身就能提高品牌的口碑。贴近品牌定位的终端装饰、舒适的购物环境、富有艺术感的商品陈列、训练有素的营销人员，同样可以提升高端消费品的形象，促进产品与消费者的联接，提高销售。终端营销，不仅仅为高端消费品做了最直接的宣传，还可以在消费者心中建立起长久的企业经营理念和品牌文化。

其次，终端营销提供了最直接、最迅速、最便捷的反馈信息。在获取全面的市场反馈方面，终端营销有着天然的优势，主要包括三个方面。

第一，终端营销有利于了解消费者情况。终端营销的一线营销人员，直接与高端消费者打交道。在与他们广泛接触和深入交流中，能更快速地了解目标消费者对产品的了解、对产品的喜好、使用产品的情况以及他们的意见和建议。甚至可以通过终端营销了解竞争对手状况。通过对竞争品牌的终端门店展示和消费者对竞争对手的评价，了解竞争对手的市场定位、目标人群以及销售情况。

第二，终端营销是市场导向的监督员。在掌握消费者需求的基础上，终端营销可以敏锐地掌握市场导向。根据消费者的需求和喜好，营销人员可以第一时间了解高端消费市场的潮流动向，与消费圈层保持紧密联系，进一步挖掘潜在的高端消费群体，从而调整营销目标和营销策略，为品牌的长期发展建立良好的基础。

第三，终端营销有利于第一时间反馈消费者。终端直接面对消费者，消费者也通过终端直面高端消费品的品牌理念、设计风格和服务水平。终端营销人员可以在现场解答消费者疑问，解决他们使用产品时的问题，倾听消费者的意见，并做出最快速的回应。

同时，终端是最直接有效的市场开拓手段之一。通过终端营销最容易到达其目标受众。将企业理念和品牌文化深入到终端的每一个环节，可以吸引目标消费者，起到培育市场的作用。如果终端做得好，甚至可以得到消费者的排他性支持，将自己与竞争品牌区隔开来。

3. 如何做好终端营销

高端消费者对终端营销的质量要求是非常高的，因为好的终端才能与他们所购买的品牌质量相匹配，才能激起他们花更大成本购物的意向。

因此，如何做好终端营销对于高端品牌来说非常重要！

（1）决定性的一环：选址

高端品牌的专卖店通常会选择在一二线城市的最繁华的商务区、核心区，并且是黄金路段的黄金铺位。如果是终端专柜也会是商场中的黄金位置。

高端品牌从位置选择上，就已经能体现出地位的尊贵。大体上需具备以下几个特点。

①环境幽雅

高端品牌通常具有高贵、优雅、时尚、文化等元素。这就要求高端品牌在选址时尽量选择环境与品牌定位相适应的地方。幽雅的环境可以烘托高端品牌的身份地位，更可以给高端消费者营造一个舒适的购物环境。

②面积足够宽敞

“大品牌的终端空间就是拿来浪费的。”有研究表明，宽敞的门店能提升消费者对商品展示的视觉效果。

③选址地点周边的消费能力要达到高水平，且有较大人流量

约80%的中国高端消费者表示他们不会特地去某一家商店购物。因此，店面的选择必须位于交通便利及其他商店聚集之处，尤其是以销售高端品牌产品为主的门店群聚之处。

同样的研究还发现，大型购物中心的客流量几乎是独立门店的品牌专卖店的三倍。因此将终端选址在交通便利的地方，尤其是大型购物中心内是不错的选择。

④周边商家与自身定位的匹配

这里说的定位匹配不是指要拥有同样的定位，而是指作为高端品牌，终端周边的商家品牌最好也是面对高端群体的，至少不能贩

卖廉价、山寨、仿冒的产品，这样才能形成“品牌共赢”。

因此，一个交通方便、地理位置繁华、毗邻大型购物中心和高级住宅区的地方是高端消费品终端的必然选择，如所在城市最繁华的商圈、核心区，甚至是黄金路段的黄金铺位，或者高级商场中的黄金位置。高端品牌从位置选择上，就已经能体现出地位的尊贵，就在向消费者传达其品牌定位的信息。

让我们来听听顶级时尚品牌“楚萨迪”的选址经。

“我们当然希望能开出更多的门店，因为这是最好的宣传手段。对顶级时尚品牌而言，任何一种宣传方式，都比不上开设自己的专卖店或旗舰店，这样才能让消费者对品牌产生最直接的体验。”楚萨迪牛仔的总裁柯露碧这样说道。

楚萨迪牛仔是意大利顶级时尚品牌“楚萨迪”的副线品牌，其品牌创始人是尼古拉·楚萨迪，在意大利是与阿玛尼、范思哲和瓦伦蒂诺等人齐名的大师。这样的高端品牌在终端选址上有什么样的经验呢？2009 年，柯露碧亲临上海，希望能为其在中国开更多店铺提前选址，并透露了品牌选址经验。

首先，聚焦客流量。好的品牌选址地点是高消费能力的目标人群和潜在消费人群占整体客流量比例最高的地方。“客流量是选址过程中的一个战略性评判标准，但客流的质量比其数量更重要。”可以观察该终端已经入驻的其他品牌销售状况，以此衡经常光顾该商场的顾客的消费能力。

其次，高质量的品牌组合带来共赢：选址过程中，同一楼层的品牌组合同样非常重要，好的组合能最大限度地方便和满足高端消费者的购物体验，从而培养他们的品牌忠诚度。“入驻某一商场时，最好选择与自己竞争品牌比邻而居的位置。”柯露碧这样说道。

最后，宁可推迟不可马虎。店址确认后，品牌商还应对选定区域进行细致的设计，找出“热点”区域；对展示橱窗的尺寸、主要入口及餐饮区的位置等细节都要精心考虑。如果找不到合适的地址，那就只有等。“宁可推迟开业时间也不能马虎确定”是柯露碧的一贯主张。她强调：“选址的重要性毋庸置疑，专卖店所在地段的档次本身就在向消费者传达其品牌定位，此外还要兼顾前面提到的客流质量，二者缺一不可。如果找不到合适的地点，我们宁愿推迟开业时间。”

（2）终端格调的高端氛围营造

高端消费者对高端品牌的店面装潢或专柜设计的细节更为挑剔。在店铺地址确认后，高端品牌的终端营销必须对选定区域进行细致地设计，营造别具一格的高端氛围。

首先，整体设计须与品牌以及产品的气质、格调相符。在圈定的店铺区域，必须严格规划，匹配品牌的气质格调，找到最核心的展示区域。对橱窗的尺寸、店铺整体色调风格等精心考虑，以营造高端氛围。

其次，陈列布局、空间通道、灯光音乐等都是体现高雅和精致生活方式的重要元素，要有足够的通道空间，并通过射灯、聚光灯等灯光烘托高端产品。高端产品的货柜、桌椅等物品，从品质到位置都讲究精致，悄然传递着品牌的格调。店铺选用纯粹、优雅的音乐增加气氛。

此外，终端的软装饰品更加显出品牌的独特风格，而且必须与终端颜色保持一致的风格，包括花纹纹路、桌上的插画、壁画等。

选择恰当的软装饰，能增加终端的高端氛围。

（3）商品展示的视觉化冲击

麦肯锡的《中国新兴的富裕消费阶层》报告中商店出口拦截调查及访谈结果指出，消费者对商品展示的视觉效果评高分的品牌，其整体诉求的评分一般也较高，同时显示，商品展示的视觉效果与商品的总体评价影响最直接，甚至超过了产品质量与选择面的大小。

以香奈儿为例，63%的消费者给商品展示打出了最高分，同样有63%的消费者给香奈儿品牌给出了最高的评价。对蒂芙尼的调查也得出了同样的结果。由此可以看出，商品展示的视觉效果对商品的总体评价影响力巨大，甚至超过商品本身质量和可选择范围对消费者的影响。

因此，高端消费品要提升店内展示的格调，让人一进入商店就能有视觉上的高端感受。提高商品展示的视觉效果，有助于提升消费者对商品的整体评价，高端消费者中的富裕阶层对品牌的选购更是如此。

高端产品终端店内所设计的完整链条，把消费者看到、进入、离开店面的全过程变成一个美好的体验，高端消费者乐于为此而愉快埋单。

由于消费者对高端品牌的店面装潢或专柜设计的细节更为挑剔，因此在终端的商品陈列上，可考虑下列方式。

打破大众产品以货架为主体的陈列格局，将店铺适当分区，突出核心区域，展示明星产品。

规划独立展区和橱窗，在这些区域内呈现尽量少而精致的产品。

铺设缎面、丝绒等高级布料，烘托产品的高端特性。

（4）贴心高水准的服务

终端营销人员第一时间针对消费者的疑问、意见、建议、要求做出回应，而这种回应必须体现出高端品牌的高水准。因为服务的质量与品牌质量、品牌美誉度都息息相关。

有人将之称为“软终端”。相对于比拼硬件设备的“硬终端”，“软终端”更能激发高端消费人群的情感联系，更容易在圈层中形成口碑效应，也更可能培养高端忠诚客户。

“硬终端”很容易通过大量资金投入而产生效果，软终端则不然。软终端的关键是管理营销人员，提升其素质，即一切涉及与终端人员、终端零售商合作关系等无形的、较难以量化考核管理的终端资源。一是终端导购人员的管理（包括店员和促销员的着装、素质、销售服务能力，素质与能力的提高与培训，与竞争品牌导购人员的区别等）；二是终端商客情关系维护（包括终端经营意识认同度、服务内容及质量、销售政策、合作融洽度等）。

因此，“软终端”要求终端营销人员做到“体验与顾问相结合”。既做到对高端产品足够熟悉，能够熟知对产品的使用方法、对消费者带来的利益，以及消费者可能出现的常见疑问。同时也要求营销人员能熟悉竞争对手产品，能指出自身产品的优势和竞争力。终端人员要与高端消费者互动，让他们不仅看到产品，更能看到产品的使用状态。

另外，更多的增值服务也是高端产品的一大特征。高端品牌的终端会比普通大众品牌有更多的增值服务。特别是在后续的会员服务方面，会对那些购买力大、品牌忠诚度高的超级消费者提供一些不同于一般 VIP 客户的专有服务。

例如让消费者加入VIP俱乐部，体验VIP商品预留服务，参加在专卖店里举行的新品预览、“清场”式的专属购买，享受一对一的度身定制等。利用不断升级的终端高级体验，建立与高端消费者的亲密关系，同时能形成一个高忠诚度的VIP客户圈。

第四节　圈层营销：圈子里的人际传播营销

1. 圈层就是人以群分

W女士与L女士一位是私营企业的老板，一位是公务员，W女士说：“一般出行我们都一起，大家彼此关系很好，主要是我们的先生都有共同的爱好，都喜欢打高尔夫，所以我们出门的目的地都一定会有高尔夫球场。出国也好，还是在外地，肯定会选择风景好一点，居住环境好一点，一定有高尔夫球场的这种地方。”

W女士还说：“我老公参加各种各样的协会，我会跟着他去。”L女士补充道：“我们老公这些圈子里的人，社会地位比较高，用车也是很高档的，但是都很低调。我们的圈子已经形成很久了，圈子里固定的那些人，都是很熟的。我们的孩子也都在中学时候送出国，去接受好的教育。”

通过W女士和L女士的描述，可以清晰描绘她们所在圈子的社交关系与行为：已婚，各自丈夫都喜好打高尔夫，甚至彼此是球友，圈子中几家人会相邀出行，度假场所必须配备高尔夫球场。

这个人际圈中，彼此拥有相同的奋斗经历，并共享较为一致的价值取向，进而形成一个稳固也相对私密的社会圈层。而这种圈层结构中，成员之间的交流自然会深入到投资、教育等问题上。总之，当圈层形成后，圈内人的意见会成为重要的参考意见。

“圈层”是对在阶层分化的社会背景下自然产生的相对中高端的特定社会群体的概括。它可以是广义的一个具有相同社会属性的阶层，也可以是一个区域内本身具备很强的社会联系、社会属性相近的群体。

圈层化是社会发展中必然的特征，这其中会产生明显的多个阶层的分化，也会产生同一阶层的有机融合。同一类人群具有相似的生活形态、艺术品位，很自然就会产生更多联系。

2. 充分利用你的社会圈层

“物以类聚，人以群分”是一条流传甚久的社会定律。只有同一圈层的人，才能相互读懂；只有同一高度的人，才能坐而论道。反过来说，只有进入某个圈层，才有机会接触到这样一群有着某些共同点的高端人群，这也就是今天圈层营销如此流行的原因。

许多高端消费者在购买房产的时候，对房产的要求超出了一般的居住功能，他们要求房产能成为自己的一张身份名片，甚至可以利用房产形成有利于工作生活的社交圈。如此一来，同在一个圈层里的高端人群可以更好地维护彼此共同的利益，进而巩固这个圈层。

对特定圈层人群的特性进行全方位剖析，迎合他们的消费行为、消费习惯、生活形态、兴趣品位的营销模式更容易促成交易，房地产的“圈层营销”由此诞生。它的基本原则就是高端化和小众化，其方式是直接和主动地进入高端消费者的生活圈中。

这样的理解可以说过于简单。事实上，圈层营销不仅仅运用于地产项目，也广泛地出现在银行、服装、珠宝等其他高端消费市场。圈层营销的手段也不仅仅局限在酒会、宴会上，还可以以商业活动、文化沙龙、校友联谊会等形式开展。

商业类圈层营销包括产品推介会、商业论坛、贵宾卡制度、与私人银行联动等。一些品牌的圈层营销中，举办仅针对高端客户的VIP私享会。如TOP ESSENCE国际顶级私人物品展，仅邀请部分高端客户，同时，能进入该展览的品牌，均是国际国内的高端品牌，其昂贵的价格是一大特点。这些受邀的品牌包括世界顶级跑车、私人飞机、游艇、珠宝、家居等品牌。

圈层营销最初的起源也并非地产项目，而是在高端消费市场最早出现时。高端品牌在进行新品发布或者艺术鉴赏活动时，往往会邀请一些社会名流与富豪阶层参与。其目的很明确，一是扩大产品的认知度；二是扩大品牌的影响力；三是借由活动扩大品牌的潜在消费群体；四是借由活动营造一种与品牌相适应的潮流形象；五是可以作为长期联系高端消费者情感的有效手段。

圈层营销实质上就是在同一圈子里的人际传播营销，它正在成为未来高端市场的主要营销手段之一。高端消费品通过目标锁定一个圈层或者营造一个圈层，制造该圈层的共同文化氛围、兴趣品位，从而形成一种归属感，达到圈层内部营销影响力的最大化。

高端消费者尤其是其中的富裕阶层十分注重人脉网络，他们常会加入一些高端社交圈。高端社交圈中的成员对其他成员具有很大的影响力，如果一个品牌能得到其中一个成员的信任，由他推荐给其他成员，那么该品牌很可能将迅速被整个圈子广泛接受。

同时，圈层营销也可以影响到圈层外部。品牌可以利用普通消费者对圈层的高关注度，创造一种专属于某个圈层的消费品位和价值取向，影响那些羡慕或者想要加入这个圈层的消费群体，带动他们向高端圈层靠拢，促使他们模仿消费。

既然充分利用高端社会圈层关系可以达到一举多得的好处，那么，圈层营销具体如何展开呢?

3. 圈层营销的展开步骤

（1）准确划圈子

虽然同为高端消费人群阶层，但富人与富人的差别也很大，营销人员可以观察高端消费者的生活习惯、爱好等行为特征，对生活尺度、生活方式等方面认识的差异，从而了解每一阶段不同富人圈层的独特的生活模式和心理需求。针对特定阶段的特定客群，有目的地进行营销活动。这一步同时涉及产品定位与细分市场两个关键。

产品定位上，品牌所找到的圈层必须和高端产品的定位相一致，即要能为圈层提供他们所需要的高端产品和服务。在高端产品设计初期就应该研究目标圈层的特性：艺术品位、消费习惯、兴趣爱好和价值观等。

同时，从高端消费者本身出发，依据他们购买高端产品的动机、消费心理、消费习惯、兴趣爱好、购买行为等，在多元性的人群中将他们的生活形态区分开来，包括出行习惯、休闲方式等，从细节上寻找目标高端消费人群。将其细分成不同的群体，寻找高端产品所定位的目标人群。这就是细分原则。

（2）寻找“圈中领袖”

每一个圈层中总会有影响其行业发展、具深远意义的重量级人物，并且在其圈层有着良好的口碑，知名度高。这些重量级人物的意见和建议，对其圈层客群有着不可估量的影响，他们具有很强的号召力，其一举一动、一言一行往往具有领头羊（意见领袖）的作用。

可以邀请圈内核心人物体验产品，令他们产生认知度。邀请核心人物参与针对产品或项目开展的一些活动，并由媒体记者进行跟踪报道，事后请其发表对项目的评价。圈中领袖这一关键节点的接触与到达，有纲举目张之效。

（3）挖掘专属渠道

每一个客群圈层群获取信息来源的媒介是各不相同的，找出他们获取必要信息的来源渠道，针对核心渠道来源进行营销推广，利用这些渠道进行针对性传播，有效避免了资源的浪费，并扩大了影响力。

利用核心人物，向他们灌输信息，强化信息的传递，根本的目的是让他们向在其圈层内的目标客户传递本项目信息，将好感觉、好评价告诉圈层目标客户，扩大影响力和知名度。

（4）激发高品质活动品牌效应

针对不同阶段目标圈层的生活模式、心理需求等特征，根据他们特有的圈层活动，组织开展具有针对性的活动，聚集人气，在圈层中产生足够的影响力，体验产品或项目诉求。

针对目标圈层所喜好的品牌物品，如名车、名表，品牌服饰等，与目标客群所喜好的品牌联系起来，通过这些知名品牌的内涵，隐喻产品或项目的内涵。

通过活动，让目标圈层产生品牌联想，在其潜意识里迅速将与自己利益有关的联想调出来，使自己购买决策理由充分。利用品牌嫁接，通过产品与品牌之间的互动活动，树立起项目自身的品牌，一方面，可提升品牌价值，另一方面也可间接促进销售。令目标圈层对项目产生深度的、良好的认同，在心灵上产生感性的、精神层次的认同。

法国TOP奢侈品沙龙2009中国巡展首站——巴黎宝藏展览会在海南清水湾销售中心盛大举行。海南清水湾是面向全球高端人士的旅游度假项目，与法国TOP奢侈品沙龙个性化定制服务不谋而合。

顶级私人物品定制化服务是财富阶层的新兴消费模式，而中国海南以优质的人居环境吸引了大批财富阶层聚居，创造了巨大的高端定制消费需求。

此次展览会达到世界顶级水平，这样的高端定制珠宝活动，对于树立项目的品牌效应和美誉度都是有很大帮助的，也能快速将高端度假旅游品牌和奢华的珠宝产生品牌联想，为自己的品牌提升品位，实现发酵高品质圈内口碑的可能。

（5）维护并保养圈子

圈子是靠不断地付出来维系的，如果仅仅因为推销自己的产品，一时搞很多活动，而之后就悄然无声，从而失去了主动，无法更好地维系圈子的内聚力，本来圈子之初的关系就较为薄弱，更需要通过阶段性品牌活动拉近圈中消费者的距离，所以对圈子的维系和保养至关重要。

例如，在房产项目的营销中，很多开发商开展持续性的亲子活动，不仅使得活动功利性弱化，更能推动人与人之间的交流和认识，维系圈子的成长。

第五节　媒介营销：让接触无处不在

1. 研究消费者媒介接触习惯

“一般我是早起的，morning person 起得很早，7 点钟。早起以后第一件事情不是洗澡也不是洗脸，而是先把电脑打开，checkemail，这是第一个事。”C 先生从互联网开始他的一天，一般会习惯性地连接他的 Skype、QQ、新浪微博和 iPhone 上的腾讯微信。

但 C 先生认为，“大众媒体不能 cover 到精英。电视对我是没有用的，基本上不看，浪费我时间。高端是不能用大众媒体来操作的。”那么，让我们一起看看高端人群还会接触哪些媒介？

厦门 Z 先生经营着自己的律师事务所，平时九点开着宝马上班，偶尔会换那部老马自达，在车上，“会听广播，听 ECFM 中国国际广播电台，一般早上那个时段都是 talkshow，对口秀。两个人主持，对话很好玩的。晚上回去的时候会听新闻，国际新闻。”杂志，平日多看《Newsweek》、《Times》，偶尔翻翻国内的《三联生活周刊》。

另一位 L 先生则开着他的本田奥德赛上班，也听广播，“上海这边是 97. 7，财经的，还有一个是 89. 9，是东莞新闻台。如果是长途开车的话往往有司机开，只要有精神，我会看路边的大型高速公路广告牌。”

下车后，写字楼电梯，L 先生说：“经常看分众传媒，等电梯的时候，盯着人家也不礼貌。”虽然是被动接触，仍能回忆起不少品牌名称。而平时上网则“看新闻，主要是凤凰网，新闻性更强，我觉得他挖掘的深度更深一点”。

除了日常上班所接触的媒体外，飞机是多数高端消费者频繁接触的交通工具，无论商务还是年假旅行。成都的Y女士是一家高级餐馆的经理，时间对她而言非常宝贵，不过每年都会安排一到两次国际旅行的时间。

上海的Y先生更将出国旅行作为度长假的休闲首选，“全球30多个国家我都去过。”去国外，他会“买碧欧泉。对，还有偶尔会用用倩碧。我觉得，这个消费在一般男士里面可能是用得比较高端的，因为男士可选择的其实不算太多，价格都是在1000元以内。一瓶东西我能够用三个月，我觉得值啊。”

当问及Y先生如何了解到这些品牌时，他补充道：“出国。你在机场逛一逛就看到了，那里有时尚杂志、机场免税店。ARMANI是在专卖店买的。”

就如这些故事中呈现的，为了有效地接触高端消费者，将品牌的信息传递给他们，企业必须深入研究他们的媒介接触习惯，制订周密的媒介计划。

2. 洞察消费者的媒介生活

高端消费者的活动空间和出行频率较一般大众更为广阔和频繁，尤其是商务精英，CTR发布的2010年度“中国商务人士调查（CBES）”显示，常常需要移动办公的他们，生活中充满了媒介和广告，比如机场的电视媒体、赠阅读物，公路上的户外广告，写字楼、公寓或酒店的楼宇液晶广告，移动交通广播以及餐厅、咖啡厅、地铁等场所的赠阅读物等，他们与报纸、杂志、广播、户外、互联网新媒体的接触频率均明显高于大众。

虽然如此，一般的大众媒体并不能到达高端消费者，通过对高端消费者的访谈，将更直观地了解他们的媒介接触习惯。

高端消费者们经常在开车上下班的途中收听广播，听的主要是音乐、交通、财经及社会新闻资讯节目。不少有海归背景的被访者则偏好收听国际台，或听脱口秀或听当日国际新闻。

他们到办公室后一般会打开电脑，收看邮件，用 QQ 或 MSN 与同事、朋友联系，他们基本上都开通了微博，关注名人的举动或发布自己的心情。他们获取资讯的最常用工具是互联网，关注的门户网站主要是新浪、凤凰网、搜狐、网易和腾讯，关注的信息主要是财经和社会新闻，女性还会格外关注八卦新闻，或从网上下载电视剧和电影，值得注意的是，他们常常利用 QQ 新闻弹窗这种方便的方式获取资讯。

在纸质媒体方面，他们的依赖性不强，除了工作单位订购的报纸杂志，偶尔会购买《三联生活周刊》、《南方都市报》、《南方周末》、《周末画报》、《国家地理》、《经理人》和地方性报纸等报纸杂志，女性还会订阅《VOGUE》这样的高端时尚杂志和家居美食类杂志。

高端消费者日常媒介习惯：听广播、上网、看杂志。他们较少订阅手机的移动资讯业务，也较少看电视，部分人喜欢在做别的事时开着电视作背景音，还有部分人会观看 CCTV2 的财经节目或时下流行的电视剧，亦有女性被访者提到 CCTV6 电影频道。看电影也是部分高端消费者的爱好。

在工作和休闲时间，他们常常会接触机场媒体和杂志、楼宇电梯电视及公路、城市户外广告，但令他们留下印象的较少，除非是与行业相关或趣味性较强的广告。

3. 高端品牌的媒介营销原则

每个好品牌的提升策略与新定位，必须辅以有效的媒介计划，整合高端资源集中传播，获取目标消费者认同，有的放矢。

为了让目标消费者能够迅速知晓品牌的“新面孔”，形成对品牌全新的印象，广告传播必须精心选择媒体和时段。

首先，媒介的形象必须符合品牌的新定位，使品牌能在消费者心目中建立起一致的形象，形成品牌关联。

其次，媒介的受众必须和品牌的目标消费群体高度契合，使广告信息直接而有效地传递到目标消费者眼前。

此外，整合不同业态的媒介资源，发挥不同媒介的传播优势，集中力量在某一时期内大量传播，使品牌信息在短期内扩散到目标消费者所处的各个场所，迅速引起他们的关注，不断强化品牌认知。

4. 解析高端媒介营销的手段

高端媒介是什么？

高端媒介就是高端消费者在工作、休闲时最常接触的媒介，也是企业在高端消费市场营销活动中最常用到的广告投放、实现与消费者品牌互动的媒介。

高端媒介主要分为七个大类：交通媒体、平面媒体、广播电视电影、户外媒体、液晶媒体、网络新媒体和“泛媒介时代的新媒体”。每一大类媒介又由多种大大小小的媒介构成，事实上有些媒介可以同时属于两类甚至多类，但总体来说，根据高端消费者出入的场合及媒介自身的属性，高端媒介可以分为以下七大类。

（1）交通媒体

高端媒介中的交通媒体主要有航空、铁路、公路和水路媒体。

其中飞机是高端消费者出差或外出旅行的主要交通工具，新生代市场监测机构新富调查2006年的数据显示：我国12个经济发达城市的新富人群中，有51.2%的人在过去一年内乘坐过飞机，月均出行次数为1.25次（往返算两次），以出差为目的的比探亲访友、度假的比例高。

所有高端消费者都经常乘坐飞机出差或出游，他们接触航空媒体的频率颇高。航空媒体包括，户外：机身、机场指挥塔、气象塔、高速立柱广告牌；场内：机场电视、机上电视、座椅头巾、廊桥、航空报纸、杂志；消费者直接接触点：机票封套、登机牌、纸杯和餐盒等。

研究发现，在各种媒体中，机上电视和机场电视更能吸引受众的注意，高端消费者在等待登机的过程中会观看机场电视广告，有位女性被访者对麦当劳的广告《摇篮篇》印象深刻，因为她觉得这则广告很有趣。有位男性被访者表示会关注电视里的汽车广告，还有位女性被访者因为儿子喜欢车也会格外关注汽车广告，但多数被访者都表示没有令自己印象深刻的广告。

有被访者在回忆时提到座椅头巾广告，座椅头巾广告是每个乘客都会看到的，保证了绝对的到达率。

此外，给被访者留下印象的还有廊桥广告、机身广告及机场的户外广告。部分被访者会翻阅航空报纸、杂志消遣，也有自带书籍的。还有一些往往不被注意但成本低、到达率高的广告投放媒介，如机票封套、登机牌、纸杯和餐盒等。

需要注意的是，电视广告有其生动直观、感染力强的优点，但也因为它短小精悍、转瞬即逝，不同的广告轮番播放，可能会相互干扰，减弱高端消费者对某一则广告的记忆，影响传播效果。

其他媒体，如廊桥、座椅头巾、机身广告，虽然没有那么活泼多彩，却也因为它的固定不变而令人难以忽略。

中国工商银行就巧妙地借助廊桥广告这个特点，覆盖式宣传：2010 年，上海世博会是全国乃至全球关注的焦点，上海虹桥机场 2 号航站楼也于当年 3 月正式启用，其内有 57 个移动廊桥，所有出发及到达的旅客都将经过这里，当年预计客流量将达到 2500 万人次，这是一个可遇不可求的历史性机遇。

中国工商银行抓住了这个机会，在 57 个移动廊桥的显著位置发布了新广告。“根据廊桥的结构特点，采用一系列不同尺寸、不同形式且强有力的媒体，将银行的各类金融产品淋漓尽致地展现在乘客眼前。从机场主干道到登机厅，再到整个停机坪，乘客们总能看到工商银行的廊桥广告。”

一系列醒目的广告帮助中国工商银行强化了自身优势品牌形象，营销活动一直贯穿了上海世博会这一客流高峰期，覆盖了 100% 的旅客。

廊桥广告位置特殊，既是旅客到达时首先看到的媒体，又是旅客出发时最后看到的媒体，是机场最佳的广告媒体之一，被汇丰集团、苏格兰皇家银行、通用电气、埃克森美孚等全球诸多顶级品牌广泛使用。

除了飞机，高速巴士、动车也是高端消费者公务出行常用的交通工具，公路、铁路媒体同样值得关注，水路虽不是公务出行的常用交通工具，但在旅游业依然有其市场，不少国内、国际的豪华游轮航线受到高端消费者的欢迎，因媒体种类大致与航空媒体类似，此处不作赘述。

（2）平面媒体

平面媒体是目前高端消费品投放广告的主要媒体，平面媒体营销有三个关键词——专业化、创意化、精致化。尤其杂志，本身就是具有一定专业性的媒体，企业可以较轻易地找到与自己的产品属于同领域的热门杂志，以此到达对这个领域感兴趣，也有可能对这种产品感兴趣的目标消费者，产生优于其他广告媒介的传播效果。

《2006中国生活报告》显示，高端消费者在选购汽车及相关产品、时尚产品、香水/彩妆/护肤品时，专业类的杂志是首选的信息渠道。

高端消费者越来越重视信息的全面性，喜欢主动对产品进行比较判断，企业应当在对目标消费者影响力强的专业媒体上发布产品的详细信息，令产品性能更加透明化，引导高端消费者的购买决策。

而杂志还有一个优势就是制作精美、色彩表现力强，许多令人难以忘怀的创意广告都来自于杂志内页。

科勒（Kohler）是一个老牌美国家族企业，卫浴设施是其高端品牌之一，它邀请了几位摄影师，以“As I See It”为主题，让摄影师们从不同的角度表现其眼中的科勒卫浴，这些作品有的带有东方神秘色彩，有的向美国大片致敬，有的洋溢着古典浪漫主义，有的则充满魔幻、荒诞的元素。

这组风格诡异的系列广告一经刊出，就引起了热议，有人说它们“令人过目不忘”，有人说“这些图像打破了传统形象，让原本冰冷的产品变得充满创意，极富情节”。不可否认，这组广告打破传统，创意非凡，令人印象深刻。

媒介即创意，平面媒体杂志也可以是创意的对象，因创意而更加有趣。

Wonderbra 内衣有一则杂志广告，“设计者在书页间设置了一根活动绳，当读者拉动细绳，模特的胸部轮廓就会变得立体而丰满”，如同真人在示范产品的神奇效果，令人在忍俊不禁的同时拍案叫绝。

翻开现在的杂志，有许多高端品牌对内页进行了独特设计，如采用更有质感的闪光卡纸，如像贺卡一样翻开就会出现立体的形状，甚至读者能在按提示将纸张撕开一道口子后发现底下另有玄机，这些设计都是为了引起互动的乐趣，确保广告到达目标消费者，避免广告被忽略。

DM 杂志也是目前高端消费品投放广告的常用媒体之一。1998 年 11 月，中国第一本 DM 杂志《生活速递》创刊，其北京版的发行量在短短十年内发展为近 4.5 万册，十多年里，《品位》、《资讯生活广告》、《视线广告》、《家与时尚》、《时尚生活》等 DM 杂志不断出现，涉及餐饮、家居、汽车、珠宝、美容时尚等多个行业，成为都市时尚生活的一部分，经常被摆放在高级写字楼、宾馆、机场及餐馆酒楼。

DM 杂志不仅为消费者提供了方便，还宣扬了一种社会上层的文化、生活方式和消费格调，在一定程度上引导了时尚、前沿和高端消费。

企业可以制作一系列设计新颖、内容有创意、配图配色吸引人、印刷精美、包装温馨的 DM 杂志，根据高端消费者的休闲娱乐习惯，选择合适的地点投放，或者附上言辞恳切的信函直接寄到高端消费者的家里或办公室，到达和影响他们。

（3）广播电视电影

高端消费者基本都有驾车上下班或旅游出行的习惯，可以充分利用广播影响他们。

同时，尽管他们可能是轻度电视收看者，但并不意味着不能用电视媒体投放广告，选择特定的节目和正确的时间，电视媒体将远远超过平面的表现力，将起到非常好的广告效果。

近几年，中央电视台、部分地方电视台及卫视台都将高端化发展提上了议程，推出面向高端受众的节目，举办或协办公益或娱乐盛会，对投放广告的质量也有一定要求。

在高端电视节目建设上，中央台无疑走在最前。央视 10 套科教频道的《百家讲坛》、《人与社会》、《科技之光》、《子午书简》，央视 2 套的高端人物访谈节目《对话》、经济节目《中国财经报道》，还有《东方时空》、《焦点访谈》、《新闻调查》、《新闻会客厅》等节目都深受高端受众的喜欢。

省级卫视也不甘落后：湖南卫视也推出了《变形计》、《洞穴之光》等提升频道主流话语权的节目，以及《阳光伙伴》、《国球大典》、《我是冠军》、《情系大湘南》、《中部放歌》、《金鹰节》等大型活动或晚会；上海东方卫视主打财经/新闻、剧场、娱乐时尚三大核心版块，被冠以内地“小凤凰”（指凤凰卫视）的美誉，相继推出《名人讲堂》、《非常记忆》、《全纪录》、《新城市》、《波士堂》、《头脑风暴》等高端节目，将自己打造为新闻、财经媒体的高端品牌，还启动了《舞林大会》、《赢家》等大型活动。此外，北京台推出《名人堂》、山东台推出《新杏坛》、贵州卫视推出高端对话节目《论道》……越来越多的电视台将目光聚焦到高端受众。

电影媒体相对于广播、电视而言是一个高端媒体，到电影院看电影是一种主动消费行为，这一人群的主要特点是较为注重物质和精神享受，乐于为享受埋单。

电影媒体有视听效果震撼、观影环境封闭的特点，是一个针对性和到达率极高的媒体，从观众进入电影院的一刻起，尤其在大屏幕前观看电影的过程中，注意力都是较为集中的。

电影广告可以分为两种，一种是电影放映前或放映后为时数秒或数分钟的贴片广告，另一种是电影里的植入广告，电影广告的制作成本较高，一般也只有较为高端的品牌、较有实力的企业才会投放电影广告，常见的有汽车、房产、珠宝等品牌的广告。

为了更准确地到达目标消费者，企业可以选定一部与品牌产品相关、形象符合、目标消费者相同的电影进行投资赞助，除了电影本身要具有高票房号召力，投放广告的影院也需要精挑细选。

“目前，全国有2000家影院，但真正产生高票房的仅占1/10”，央视三维电影传媒为此组建了“全国高端影院联播网”，即“银幕巨阵”，将这220家影院的1270多个影厅的影片放映前3~6分钟的广告时段独家买断，“银幕巨阵”就是一个优质投放网络。

此外，“影院阵地”也是极好的传播渠道，在投资的电影上映之际，可以以电影院为阵地，放置结合了电影和企业产品两大元素的路牌、橱窗海报，播放幻灯片，免费派发精美 DM 杂志或海报日历、宣传册，让观众全方位接触产品信息，因为所有宣传都与他们关注的电影相关，传播效果将尤其显著。

（4）户外媒体

户外媒体的种类很多，路旁立柱以及城市建筑物外的广告牌、霓虹灯、电子液晶屏、路牌、车厢、灯箱、气球、飞艇、大型充气模型等都是户外媒体。因为处在城市的交通要道或中心地区，到达高端消费者并非难题。

同时，户外媒体便于创意，有醒目、视觉冲击力强的优点，一个精彩的户外创意有时能造就一个社会热点话题，引起大众的瞩目。

（5）液晶媒体

高端消费者经常出入写字楼、酒店、公寓楼，接触楼宇液晶电视的机会很多，尤其在乘电梯时，为了打发时间、避免与陌生人对视的尴尬，高端消费者的注意力常常集中在电梯电视上。

除此之外，许多休闲娱乐场所也有液晶媒体，比如跑步机液晶媒体也是高端消费者容易接触的媒体之一。

（6）网络新媒体

网络新媒体主要包括以互联网为平台基础，衍生出的各种智能化、互动化、移动化的媒体。

据 CBES（中国商务人士调查）数据显示，近年来商务人士使用互联网的日到达率逐年上升，甚至超过了报纸媒体，且对手机上网、手机电视、手机报等无线/新媒体的应用也呈现快速增长势头，超过了15～34岁的年轻、高学历人群。

同时，社交网站等社会化媒体也受到高端消费者的欢迎，成为展现其社会影响力的平台。据新生代市场监测机构的中国新富研究：过去一年中38%的中国新富使用手机登录过互联网，同时使用手机从事网上活动的行为非常活跃。高端消费者的互联网使用确实超过了报纸媒体。

如今，越来越多的高端消费品牌在知名门户网站、社交网站和视频网站上投放互动广告，通过充满趣味性的广告实现病毒营销，令传播效果如滚雪球般扩大。

举办线上活动补充线下活动也是当下流行的营销趋势，许多品牌已经建立了自己的网站，并在开心网、人人网、微博等社交网站拥有账号，通过网络平台实现与消费者的互动，建立即时的、亲密的联系。

“未出手，已惊城。”借助代言人科比的影响力，奔驰Smart在2009年进入中国，创造性地打造了自己专属的社区2.0网站——奔驰Smart公社，用一种新颖的营销方式与消费者建立亲密的联系，将品牌对生活的理念传达出去。

欧米茄等高端品牌也发现高端消费者在网上流连的时间越来越多，他们也将一些产品的广告投放于新浪、和讯等门户网站。

（7）“泛媒介时代的新媒体”

这是一个消费者碎片化的时代。相信你也深有感触，消费者都越来越个性化，分散在形形色色的分众乃至小众市场，产品定制化时代似乎越来越近。仅用一种媒介传播肯定无法覆盖全体目标消费者，难道要为每一个小众群体设计一套媒介投放方案？这种做法似乎太过奢侈。

我们必须清楚地认识到，这些看似零散的消费者依然有一些共性，可以重组成一个较大的群体。对于出身、现状和对未来的愿景都各不相同的高端消费者们，他们是否有一些共性？

显然是有的，他们常常乘坐飞机出行，他们常常观看电梯液晶电视，他们常常上新浪网、凤凰网……其实这些只是一部分，还有很多到达率极高的媒介无法被确切地归入前面六类，我们将它们定义为“泛媒介时代的新媒体”。

泛媒介时代，顾名思义，媒介早已不局限于传统的四大媒体，凡你所在、所闻、所见、所感，皆可成为媒介。这是一种由创新视角思考出的崭新的传播理念，并已实际运用到我们的生活中。不少企业根据对高端消费者深入地调查，创造出许多为高端消费者量身定做的精确化、个性化的“新媒体”，并达到相对大众媒体更佳的传播效果。

比如，“停车场媒体”。高端消费者大多有驾车习惯，停车场是他们几乎每天都会进出的场所，将停车场作为一个载体，放置液晶电视、广告牌等，展开品牌传播行为，能够直接到达目标消费者。

再比如，“高尔夫户外媒体”，高尔夫在中国基本上可以说是专属于高端消费者的一项休闲运动，高尔夫户外媒体的直接到达对象就是高端消费者。国内外已有不少高端消费品将高尔夫户外媒体作为自己的必争之地，在高尔夫球场上展开营销活动。

国窖·1573是我国顶级高端的白酒品牌，美国“次贷危机”引发的华尔街金融风暴也为中国高端白酒市场带来了一定挑战。为了吸引高端消费者，巩固他们的消费习惯，确立自身品牌的纯粹高端性，国窖·1573选择了高尔夫户外媒体，配合飞机媒体、央视、公交车、列车移动电视及重点城市黄金户外，意图全面覆盖目标消费者，促进消费行为。

国窖·1573在全国16个城市的40多个高尔夫球场展开了品牌传播活动，取得了明显的形象提升和促销效果。

从上述案例也可看出，高端媒介营销不是一蹴而就、一劳永逸的，必须对高端消费者的生活轨迹了如指掌，并合理地设计媒介组合，使信息尽量精准地到达高端消费者、覆盖高端消费者，实现营销效果，不浪费资源。对于这个永恒不变的命题，只要下足功夫，我们能够做到更好。

第六节　休闲营销：搭上闲暇的顺风车

1. 休闲活动营销的切入点

健身是许多高端消费者的常规休闲活动。

“我隔一天锻炼一次。”身穿Adidas运动服的L女士刚刚健身完，看上去精神奕奕，几乎找不到岁月的痕迹。作为一名高收入、高学历的女性，她喜欢有设计感的运动服饰，在国际连锁的健身会所中锻炼，健身场所的便利性是她选择品牌的重要考量。

通常高端消费群体更喜欢光顾高级小区中的健身中心或美容会所，价格敏感度较低：对于他们而言，健身、美容已经不简单是一种日常的休闲方式，而逐渐成为构造健康品质生活的必然元素。

此外，不少高端消费者有定期境外游的休闲安排。

上海的T小姐每年都会去欧洲等地旅行。“主要目的也是去shopping，买奢侈品牌一定要去欧洲买，一方面我可以以更优惠的价格买到我喜欢的东西，另一方面我可以看到不同的人，到不同的国家，这是旅行奇妙的地方，你会发现另外有一些国家，有一些人，他们的思维和想法与你完全不同，是你完全没有想到过的，他们打开了你的眼界。”

和T小姐一样，Y先生也将旅游视为一种获得新奇体验的途径，相比较奢侈豪华、商业气息浓郁的五星级酒店，Y先生更偏爱那些有着厚重历史积淀的精品酒店，“还是想找一些特色的，所以我现在会去找一些精品酒店，或者说是小众的酒店。我上次去泰国，我住的酒店就是一个大的老木屋子，只有7间房，然后每间房都不一样。其实它的装修并不豪华，比较有当地的民风，可能是一百年前的豪宅，所有东西都旧旧的。但是玩多了，我到一个国家，就希望融入当地的文化。”对他而言，这就是旅行的意义。

2. 休闲时间之重

通过对消费者的访谈发现，高端消费群体并不是我们曾误以为的那样，是一群没有休闲生活的工作机器。相反，他们大多享有高品质的休闲活动，坚持健身，周末去郊外亲近自然，或者和三五好友聚会聊天，长假出国旅行，感受异国风情。

高端消费者的休闲活动内容通常十分丰富。不同的场合，不同的时段，他们会根据自己及家庭的需要选择不同的休闲方式。更重要的是，他们在休闲活动中的投入惊人，据麦肯锡对中国新兴富裕阶层消费模式分析，富裕消费者将27%的家庭收入用于休闲活动，远超过主流大众消费者18%的投入。

从投入的时间、精力和金钱来看，高端消费群体十分重视个人的休闲生活。对于品牌而言，这无疑为品牌构建和消费者的沟通渠道提供了精准的切入点。

休闲活动营销是品牌和高端消费者进行沟通的一种有效的方式，它亲切自然，贴合消费者的需求，能够为客户带来轻松、愉悦、放松的感受。

和其他营销方式不同的是，休闲活动营销致力于找到和高端消费者的“共同话题”，而非以传统的4P为营销焦点。找到高端消费群体感兴趣的休闲活动方式，注入品牌的核心价值观念，更重要的是在一种轻松的表现方式和目标群体进行沟通，使他们暂时从紧张焦虑的日常工作中解脱出来，感受品牌的魅力。

可以说休闲活动营销的核心就在于营造一种愉快、没有压力的品牌体验氛围，提供独特的品牌体验经历，从而提升品牌的美誉度和消费者的品牌忠诚度。

3. 特定的营销活动原则

针对高端消费群体的休闲活动营销，根据其目标群体的特性，应遵守特定的营销活动原则。

（1）立足高端消费者的需求

休闲活动营销是一种站在消费者的角度进行营销活动的营销方

式。因此，成功的休闲活动营销需要满足消费者的实际需要，甚至满足他们潜在的心理需求。

例如，为了节约时间，在日常生活中，高端消费群体通常选择时间成本最优化的出行方式，便捷是他们进行休闲活动时首先考虑的因素之一，因此在品牌组织相关的休闲活动时，应当考虑这种需求，充分精简流程，提供便捷通道。

（2）符合高端消费群体的品位

高端消费群体了解品牌，懂得品牌，但并不盲目崇拜品牌，相反，他们有着一套自己的品牌哲学，低调和品质往往是他们的品牌关键词。他们拒绝满身的logo或是华而不实的营销概念，钟情于某些兼具品质与品位的低调品牌，简而言之，高端消费者有自身所坚持的品位。

因此品牌在进行休闲活动营销时，必须符合目标消费群体的品位。在实施休闲活动营销时应当提出实质利益，避免炒作概念，讲究独树一帜而非标新立异，在细节之处彰显价值。

（3）突出品牌的核心价值

休闲活动营销的实质，就是在消费者处于一个相对休闲的状态时，把品牌的核心价值传递给消费者。

但是并不是所有的休闲活动都适于承载品牌的核心价值。尤其对于高端品牌而言，休闲活动所发生的时间、地点和氛围都影响到品牌价值的传播，如果两者之间存在着冲突和偏差，高端消费群体会比其他消费群体更加敏锐地感受到这种冲突，从而影响他对于品牌的认知态度。

品牌的定位、调性也是影响品牌选择休闲活动的重要影响因素。例如诉求高质量睡眠的寝具品牌应当尽量和舒适放松的氛围匹配，而非激烈喧闹的赛车场。

同时，品牌所进行的多种休闲活动之间应在层次上保持一致性，从而保证品牌核心价值的稳定和清晰。事实上，高端消费群体比一般消费者更重视品牌的理念与价值，并且会选择那些与自己的价值观相吻合的品牌。

在具体的操作层面，品牌选择休闲活动营销不妨结合这四项属性进行评估，即精确性、匹配性、连贯性和新鲜性。

①精确性是指品牌能否准确的锁定目标消费群体。和大众消费品牌追求覆盖面不同，高端品牌应当追求目标客户定位的精确性，也许某项休闲营销活动瞄准的群体只有几百、几十甚至几个人，但是这一小部分群体所撬动的市场却是至关重要的。

②匹配性指品牌在选择具体活动内容时应当保持与自身品牌调性、品牌价值相吻合，比方说，粉红丝带活动会增添雅诗兰黛的优雅、端庄、成熟，但是对于安娜苏这样的梦幻型品牌却过于沉重。

③连贯性指品牌在实施休闲活动营销的过程中，要保持各个阶段不同营销活动之间的一致性，这既可以是活动类型的一致性，也可以是活动主题的一致性。

④新鲜性似乎和连贯性略显冲突，但实际上它指的是体验的新鲜性，考验品牌能否运用不同的表现手法、形式细节给消费者带来耳目一新的感受，可以说，新鲜体验是品牌的休闲活动营销策略能否吸引消费者的关键所在。

4. 休闲活动营销方法论

（1）旅游营销

旅游是近几年来的消费热点，尤其对金钱充裕的高端消费者而言，旅游是他们每年都要做的事情之一，通过旅游，他们可以扩展见识、放松心情，并能购买到常住地买不到的东西。

与普通大众相比，高端消费者的旅游范围更为广阔，除了国内的名山大川，还有亚洲、欧洲、美洲、大洋洲的许多国家，并且旅游知识储备也比大众来得丰富，他们会选择五星级酒店或当地最有特色的旅店居住，在吃喝玩乐和购物的花销上更为大方随性。

高端消费者的旅游主要分为四种类型：观光旅游、商务旅游、休闲度假和特种旅游。这四种旅游可以通过其为高端消费者提供的不同产品来区分：观光旅游提供独特经历和丰富体验；商务旅游提供高效舒适、配套的服务链；休闲度假提供一流环境和能满足个性需求的服务；特种旅游提供登山、探险、狩猎等户外产品。

高端消费者最常参与的是商务旅游，因为他们经常要出差。其次是观光旅游和休闲度假，尽管工作繁忙，他们还是会每年至少安排一次较为长途的观光旅游（或者是公司提供的福利），到三亚、云南、香港、柬埔寨、日本、法国或者美国等地游玩，感受当地的风土人情，其中男性更喜欢背包行的自由感觉，女性则更关注购物。在周末或较短的节假日中，他们会驾车到城市近郊的度假村或旅游景点游玩，和家人一起娱乐放松。

特种旅游的情况比较少，但存在男性高端消费者在旅游的同时专程到当地的高尔夫球场打高尔夫的案例。还有的被访者喜欢在城市的公园与家人一起散步聊天。

在旅游营销中，可在他们最常投宿的星级酒店及特色旅馆摆放DM杂志、投放液晶媒体广告，以及在旅游交通干道及各大景点投放户外广告。

值得注意的是，相对于国内、外地旅游胜地，一二线城市周边、近郊的旅游景点或度假村是高端消费者出入更为频繁地方。

城市中广告牌四处林立，难免引起审美疲劳，被熟视无睹，而通常被认为到达率不高的近郊，却可能因为空间大、竞争少而被格外留意。

除了在旅游相关的媒介上下功夫，旅游本身也可以成为营销手段。比如为高端消费者定制一份超豪华旅行套餐，让他直接接触产品的原产地、原材料，例如韩国高端女装 O'2nd 就曾为一年内在专柜消费超过百万的 7 名白金卡 VIP 客户送上富有韩国特色、极尽奢华的四天三晚首尔（韩国）之旅。

Chanel 曾邀请 VIP 去欧洲住 Coco Chanel 曾经住过的酒店、看她生活的寓所；一些高级西装品牌邀请 VIP 客户到意大利的工厂，现场观看裁缝们如何手工缝制西服。

或者是选择一个和企业品牌文化、气质相契合的地方，单纯提供给高端消费者一个放松的机会，都是很能吸引人的营销活动，既能够拉近消费者和品牌的距离，又有助于提高品牌的忠诚。

例如，燕莎友谊商城就尝试与中青旅、首都空港贵宾服务管理公司等 9 家企业合作，打造积分联盟。在营销过程中，燕莎友谊商城特别选择了符合高端消费者消费习惯和档次的联盟商家，满足高端消费者的需求，同时也有助于稳固自身高端形象。

（2）体育营销

在访谈中我们发现，高端消费者普遍较为关注身体健康，追求健康的生活方式。他们大多有健身的习惯，通常选择家附近的健身场馆，办理健身馆的年卡，每周去两到三次，进行器械锻炼或游泳，女性还会练习瑜伽。

在运动方面，男性对篮球、足球、羽毛球、高尔夫球等球类运动较为热衷，并经常与志同道合的朋友切磋。对高端消费者进行体育营销是常见而有效的。

体育营销能帮助企业或品牌在短时间内被多个媒体平台曝光，从而被目标消费者认知；通过举办特定主题的体育营销活动能体现品牌的文化内涵、增强用户体验，提升品牌美誉度。与传统广告相比，体育营销投入少，消费者参与度高，是一种高性价比的营销方式。

常见的体育营销的形式主要有三种，一是赞助体育赛事；二是举办体育活动；三是选择体育明星作为品牌代言人。

①赞助体育赛事

企业可以通过赞助体育赛事及周边活动展示自己的品牌和产品，赞助越大型的赛事越能轻易实现上百万人次的体验，达到品牌或产品的推广效果。

同时，品牌与消费者或消费者关注的选手、队伍同时出现在赛事现场，能拉近品牌与消费者的距离，达成心理的默契。在赛事中，品牌传达了与消费者相同的价值观，令消费者对品牌产生了爱屋及乌的情感转移。

比如在奥运期间，许多品牌在广告中喊出“××，为中国队加油”的口号，一定程度地唤起了消费者的注意和好感；还有许多品牌靠赞助中国某支运动队的衣食住行吸引消费者；像奥运会这样全球瞩目的体育赛事，其赞助权也受到了各种高端品牌青睐，因为与其他高端品牌同时出现在一个场地，能无形地抬高自己的身价。

针对高端消费者的体育营销赛事主要有两种，一种是大型体育赛事，例如奥运会、亚运会，其他国际、国内大型运动会，国际、国内篮球赛、足球赛等。这些赛事是全国乃至全球范围内的最热门的体育资源，是众多消费者瞩目的焦点。

例如，韩国品牌三星，从20世纪80年代开始，不断赞助世界各级体育赛事，终于在2005年超越索尼，成为全球第一大消费电子品牌。

除了赞助奥运会外，为了建立高端形象、赢得高端消费者，三星还在法国赞助了马术运动。同时为了赢得欧洲市场，三星选择了欧洲人相当关注的足球赛，赞助了切尔西俱乐部，并借助身价最高的球星巴拉克的明星效应，在欧洲乃至世界备受关注。

另一种是时尚高端赛事，这些赛事受众更细分、定位更精准。比如高尔夫、网球、马术等比赛，其受众群不大，但含金量和代表的社会身份、地位却很高，是高端消费者所关注的热门赛事。

例如，联想ThinkPad相当擅长针对性地选择赛事，近年来，其赞助了帆船赛、观澜湖高尔夫、F1、奥运会、中国网球公开赛等多个高端体育活动，带给消费者强烈的品牌体验。

这些赛事不仅很好地契合了ThinkPad的品牌个性，增加了高端用户对ThinkPad品牌及产品的了解与接触，同时与高端赛事的品牌强强联合，提升ThinkPad的品牌影响力，也通过赞助这些赛事体现企业对中国体育事业的支持，表现企业的高度和社会责任感。

值得注意的是，体育赛事不单单是一场或几场比赛，还有许多资源可以利用，比如吉祥物、门票、赛前的准备、赛后的庆功都可以是营销策划的重点，需要企业高瞻远瞩。

②举办体育活动

除了赞助目标消费者关注的体育赛事，结合产品推广举办体育活动也是常见的营销方法。比如举办高端消费者乐于参与的高尔夫球赛、帆船赛、足球赛，结合汽车产品推出越野活动。

又比如发起城乡大众健身活动、开展亲子体育游戏等，以体现大企业的社会责任和人文关怀，以健身卡、旅游户外大奖作为促销手段的活动也很常见，并受到欢迎。例如平安集团举办的 VIP 俱乐部会员航海体验活动。

③借势体育明星

体育明星的特点是个人形象及群众基础良好，并能与企业踏实努力、拼搏不懈、追求完美的气质吻合。选择体育明星做代言人或展开促销活动，能够达到良好效果。

例如知名品牌豪雅表，其代言人多为国际知名的体育巨星。在中国，豪雅于 2004 年与姚明签约，让其做代言人，并在 2006 年推出姚明限量版腕表。再如高尔夫名将老虎·伍兹。

此外，代言明星还有网球明星玛丽娅·萨拉波娃、F1 车手基米·莱库宁和摩纳·蒙托亚等，“展现了豪雅表前卫、时尚、赋予运动无限魅力的独特品牌定位”，拓展了品牌的影响力和知名度。

当企业进行体育营销时，需要注意以下三点。

首先，要有针对性地赞助赛事或开展活动。企业应当充分了解自己的目标消费者，选择其喜好的体育赛事和项目进行赞助或开展活动，无须盲目赞助大型的或海外知名赛事，否则可能反而将自己湮没在品牌的海洋中。

在赛前应当做充分的营销策划，过程中见缝插针地展开公关活动，分阶段对营销成果做出调查汇报，发现问题，不断完善方案，将利益最大化。

其次，在媒介投放上要做到传统媒介与新媒介并重。2008 年的北京奥运会让我们充分感受到了以互联网为代表的新媒体的力量，网络火炬传递、赛事视频插播广告、制造热点引发讨论……

企业不仅在传统媒体上充分借了北京奥运会的东风，在新媒体上的战火也愈演愈烈，因为包括高端消费者在内，越来越多的主流消费者获取体育赛事的信息来源由平面媒体、电视广播转向了网络媒体。

最后，将体育文化融入企业文化。体育营销是一种长期的投入，而非一蹴而就。企业应将自己宣扬的体育文化融入企业、品牌文化中，坚持下去，使得体育营销的影响更为深远。

体育运动本身是一件健康、值得推崇的事，近几年，体育赛事越来越强调公益性，许多国际国内重大赛事都与公益组织挂钩，企业赞助这样的赛事，或主动开展公益体育活动，有助于塑造自身公益形象，将正面积极的力量传递给社会，带来良好的营销效果。

在进行体育营销的过程中，企业要充分准备并长期实施，将运动赛场变成品牌与产品的舞台，将产品信息传达给目标消费者，增强品牌体验，将体育精神融入企业文化，将体育营销的效益最大化。

（3）美容护理

女性高端消费者每周会定期到家附近或办公场所附近的美容院进行美容保养，男性高端消费者有时也会去做 SPA。若企业推出的是一款以女性消费者为主的高端消费品，就可将美容护理引入营销中，如前文 O’2nd 女装为高端消费者的韩国游设置了微整形美容服务和化妆课程。

（4）逛街购物

高端消费者的购物场所主要是专卖店和高端百货商场，其中女性更热衷于服装、包、饰品、化妆品的购买，男性更热衷于电子产品、摄影器材、手表的购买。针对购物这种休闲活动的主要营销手段是终端营销。

值得注意的是，部分高端消费者有在下班后购物的习惯，“乐天百货就曾将名品折扣活动改到工作日下午，因为购买力高的客人多半会在平时光顾百货店”。

日渐兴起的网络购物也渐渐被高端消费者接受，他们认为，网络购物能节省时间，也能花更少的钱买到相同的产品和服务。他们会浏览淘宝、京东、当当等网站及一些当地的网络购物平台，他们购买的东西涉及食品、日用品、书、电器、服装、饰品、家居用品、母婴用品等。企业应注意网络销售平台的建设，以补充终端销售。

（5）娱乐聚会

高端消费者的聚会一般在茶馆、饭店、咖啡厅等休闲场所，其中较年轻的部分人偶尔会去酒吧、KTV。近几年，高级会所越来越多，能进入高级会所的一般是有相近社会地位和兴趣爱好的高端消费者，这涉及圈层营销，在前文中已有详细介绍。

在外出就餐方面，高端消费者在重大节日、纪念日可能会花几千元到较顶级的餐厅吃一顿饭，但平时人均消费大概在200元左右，选择的多是离家较近、交通方便、环境好的餐厅。

同时，他们表示，能在家里吃，还是希望在家里吃。高端消费者并不喜欢铺张浪费，在休闲时注重的是身心的放松，以及与亲朋好友的交流，享受的是轻松闲适、自由自在的气氛。

在成都，茶馆是非常流行的休闲去处，高端消费者们在茶馆里品尝茶点、聊聊工作和生活、打打麻将，在茶香中体味无忧无虑的愉悦。不仅在成都，在许多大城市里，茶会所都是高端消费者消遣的时尚之地。

此外，不少茶叶品牌也纷纷建立高端茶会所，如八马茶业的溪山阁、华祥苑茗茶投建的福州儒士馆、日春茶业以茶馆、茶会所为主要展示形式的铁观音文化馆等。

据统计，2011 年全国有茶馆、茶坊、茶会所近 10 万家，从业人员近百万人，年营业额达 200 多亿元。茶会所的发展逐渐品位化、高端化，主打文化牌，“倡导高品质生活，提供时尚的生活方式，让喜爱茶文化与国学文化的高端人士以茶会友、以茶抒情、放松身心”。

在茶会所内展开营销活动，比如沙龙、论坛、新品发布等，将别有情趣。

娱乐营销是品牌营销手段的一种，即“把产品融入节目赞助、手机短信、终端小活动、现场互动小游戏等一切能带来更多趣味的传播形式”。

娱乐营销的核心是“人性化”，通过关注高端消费者生活方式，创新娱乐营销思维，不断寻找新的互动方式，让品牌与高端消费者建立更亲密的感情联系，令消费者保持好奇心，体验愉悦感，帮助品牌获得持久的关注。

例如时髦海峡大厦就与中国工商银行共同携手，以“欢乐，互动，体验”为主题，让双方的近百位VIP客户在同一平台联谊互动，享受周末时光。

(6) 爱好修养

高端消费者中有相当一部分“宅人”，喜欢在家里陪着家人，看书、电视、电影，享受烹饪的乐趣，有的会培养一些高雅的爱好，如弹钢琴、摄影，还有高端消费者热衷于参禅静修，以提升内心的平和安乐。

面向高端消费者的休闲活动营销，除了关注他们喜欢的旅游、运动健身、美容护理、逛街购物、娱乐聚会，还应该关注他们的内心世界。由身及心，由动及静，可以在营销活动中邀请文化界、艺术界、宗教界名士与高端消费者们面对面交流，与他们探讨提高文化修养和内心境界的方法方式。

由身及心，由动及静，休闲活动营销将更能触抵高端消费者的内心，加强企业与高端消费者的情感联系，提高品牌忠诚度。

第七节　艺术营销：与艺术天生的契合性

1. 借力艺术，“投其所好”

C先生，40岁，目前在厦门拥有数家公司，且正在继续其创业之路。但他看起来却并不是一位商界精英，反而更像位人文学者，这都归功于他在文化和艺术上的常年追求。

“其实我会关心媒体、广告代言人，我还会注意他们的东西是不是卖得好，但是在我眼中，它一旦成为上市公司，它就没有了性格。

“对于品牌，我崇尚自然，不喜欢人为。品牌上市公司有自己的压力，比如报表等，所以他们要用更快的工艺烧出更贵的东西，这是他们面临的问题。但我会和朋友一起设计、捏一个马桶盖，自己去找农民的磁炉自己烧，虽然丑一点，但是是自己做的。我家就有朋友给我们捏的瓷杯，自己烧的，非常有质感，我有闲工夫的时候就做这个事情。你们即将看到厦大芙蓉湖有一个雕塑石像，就是我和美术系的老师去河里找石头，自己做的，形状已经出来了，是抽象的。”

高端消费者关注艺术，大多数人有良好的艺术修养或者艺术爱好。因此，打造高端品牌，可以借力艺术的方式，“投其所好”。

2. 艺术与商业的暧昧关系

艺术营销，顾名思义，就是指企业通过自身产品与艺术进行巧妙的嫁接，借助各种艺术形式天然的影响力，打动消费者，使他们产生文化认同，进而更容易地促进产品销售和品牌认知的一种方式。

艺术，尤其是高雅艺术，其本身对人类想象力、创造力、专业训练和经验积累的要求，使得无论在现在或是过去，艺术品的生产者都是少数人，而购买者也以精英群体为主，人们更将西方文艺复兴以来艺术史上延续至今的伟大传统称为精英艺术。

而现在，即使由于大众传播的发展，科技的发展使得艺术品能够很容易地被大量复制，但对艺术品的亲身体验却无法用复制品替代，高雅艺术的受众仍然需要有非同大众文化受众的鉴赏力和知识。

这种天生的稀缺性，使得艺术的追求者和拥有者，大部分是物质富裕的高端人群。在符号学对奢侈品的定义中，提到奢侈品的艺术性，“提供的不仅是纯粹的物品”，更是“高品位的代名词”。

马斯洛的需求层次理论也多少说明了这点。它暗示了一种情形：个体在强烈追求较高层次的需求之前，必须满足较低层次的需求。

马斯洛更认为，没有直接功利性的审美体验，对自我实现有极其重要的意义，是实现完美人格的必要途径。

虽然将需求和动机不一定如马斯洛所认为的可以明显被分层，但它说明了高端人群与艺术天生的契合性。早在中世纪，艺术品就像奢侈品一样成为贵族、皇室家族的日常用品。

高端消费者并非像一些专家、学者所认为的那样，盲目追求高价格的名牌，而是看重其精致的品质，寻求与自己契合的品位与格调，购买的奢侈品也更多体现在自我满足与享受中。

可以说，这种消费心理很大程度上包含了追求自我实现的动机和审美体验。而品牌要接触和培养高端消费者，最直接的方法之一就是将艺术植入到营销当中。

利用艺术来为商业进行包装和营销的传统，其实在时尚界早就由来已久。国际一线大牌奢侈品如古驰、卡地亚和宝格丽之类，更是将自己的产品打造成艺术品，在巴塞尔·迈阿密艺术博览会上展出。也许是时尚界与艺术界共同追求审美极致的一致目标，使得奢侈品与艺术界天生就有合作的前提。

也许由于艺术与高端时尚天然的有共通性，艺术这种脱离了功能性和实用原则的审美情趣，让高端时尚往往踏入与艺术接轨的领域。品位、完美和稀缺，这些关键词使得艺术与时尚界有了共同语言。

蒙德利安与时尚的结合成为了艺术史和时尚史上的神来之笔，曾经在一段时间内，他的红黄蓝被广泛被运用到建筑、服装等各个领域。

法国作家 Cecile Guibert 在一篇致安迪·沃霍尔的文章中把艺术与奢侈品的结合称作"商人艺术家"的扩散，宣称沃霍尔的设想——"所有的商铺都成为艺术馆，所有的艺术馆都成为商铺"正在成为现实。

按照沃霍尔的设想，艺术与商业的合作远远不止于时尚界，而是可以广泛地应用在诸多领域的品牌身上。事实也正是如此发展的。虽然目前运用艺术营销的品牌大多是高端时尚品牌，但已经有越来越多的其他领域的品牌也开始发现艺术营销的好处，并巧妙地运用艺术营销，找到品牌与高端消费者人群的接触点，同时提升品牌的品位与精神价值，培养潜在的消费者。

3. 艺术营销的方式

没有什么营销手段能比艺术营销更能直接提升品牌的高端形象了。

虽然在大部分与艺术家的合作中，品牌需要雄厚的资金作为支持，但艺术营销不仅仅是在考验品牌的财力，更是要求品牌有明确而独特的品牌信仰，能在与艺术家的合作中将品牌的精神注入进去，而非仅仅是品牌的名字。同时，创造性地寻找合适的艺术家和合作媒介，更能够使品牌达到事半功倍的效果。

并不是只有时尚业的品牌才能够运用艺术营销来为产品增光添彩，任何以高端消费者为目标人群的高端品牌，都可以寻找到合适的方式来满足消费者对艺术与文化的追求。

艺术营销的方式有很多，但主要有以下四个方法。

（1）直接将艺术品植入到营销中

这种做法最简单直接，比如在公关活动中的艺术表演、终端店铺里陈列的艺术品等。

不少房地产品牌都进行了这种艺术合作，经常举办艺术形式的公关活动，如专家国际花园曾经举办的“国际石雕创作营”活动，以雕塑艺术美化社区环境的同时，也为产品注入了深度的艺术气息。

此外还有半山半岛全程协办的“国家形象与具有国家感染力量的思想观念论坛”，力邀包括陈丹青先生在内的众多艺术家出席，一时间造成很大的关注。

北京御墅林枫的营销方法则更巧妙，它不是将艺术品作为陈列品进行摆放，而是打造了一个收藏艺术品的空间，留给客户最大的收藏自由。这与北京时下流行的地下影音室与桌球房形成了鲜明的对比，一动一静之间，让品位自然彰显，既打造出了财富人群最为欣赏的低调张扬的生活方式，又以藏品印证了项目格调，更为少数上层人士提供了展示其艺术美学造诣的新空间。事实也证明，这样的静态艺术营销方式在目标消费人群中取得了很好的效果。

（2）请艺术家成为代言人

选择明星代言产品，是大多数品牌的做法。明星的知名度高，借助明星的力量，品牌能够很快地接触到大众。但高端品牌的消费者却不一定经常使用大众媒体，也不一定喜爱明星。

在这种情况下，选择艺术家为品牌代言，是一种十分独特而讨巧的方法。品牌可以通过启用艺术家成为代言人的方式，用艺术家的创作精神赋予品牌和产品不一样的格调，达到最佳传播效果。

索尼BRAVIA系列就走这种小众代言人路线，他们在2007年选择了中央美术学院教授，以小红人剪纸作品著称的艺术家吕胜中来代言，将“BRAVIA的红”与“吕胜中的红”进行天然而紧密的结合，对双方的知名度都有很大的提升。

（3）赞助艺术展览或艺术家

赞助艺术展览，是许多品牌都想到并在做的事情。一方面，艺术家在其中能够受到关注和提升，更好地追求艺术；另一方面，品牌也借助艺术家的创作，提升品牌富有责任心和艺术品位的品牌形象。

品牌可以通过赞助并冠名展览，来让品牌与展览融合起来，品牌也可以做得更多，直接筹办展览或奖项，用以扶持艺术家。当然这种做法需要雄厚的资金作为基础。

对艺术活动的赞助不仅仅是冠名或者在展览中加入一个品牌产品的展位这么简单，如果品牌没有选择合适的赞助方式，没有与参与者进行真正的交流对话，那么品牌便不可能真正融入艺术圈，也不可能获得口味挑剔的艺术参展者们的芳心。

作为一种新的营销形式，艺术营销并不是适用于所有企业，必须在品牌、产品、技术、市场等各方面都合所选择的艺术形式具有文化上的相通之处时，艺术营销才能发挥出最大的效力。

在这方面比较成功的例子是“爱普森微喷工作室”，它针对专业的图片公司和大型艺术展等这样特殊的消费群体，在摄影展和画展上嵌入“爱普森微喷工作室”，在现场展现制作过程，与艺术爱好者进行交流对话，令艺术展的参与者和创作者都十分受用。

(4) 艺术家与产品的深度合作

品牌可以邀请艺术家为品牌进行创作，或设计独特的产品。带有艺术家创作的产品将成为有纪念价值的艺术品，是品牌的宝贵财富。

与艺术家合作产品设计，是时尚品牌经常使用的营销手段。比如2010年上海世博会期间，菲拉格慕就与中国当代艺术家薛松合作，推出了独特设计的产品。

菲拉格慕向来喜与艺术家合作，近几年来逐渐将眼光投射到出色的亚洲当代艺术家的身上。2007年携手陈幼坚庆祝香港回归祖国10周年的“爱·香港”限量丝巾系列；2008年邀请日本设计师草间弥生所设计的Marisa包，以及2009年携手日本设计师山本耀司打造的2009—2010秋冬女鞋等。

在世博会期间推出的菲拉格慕产品，是薛松创造性地运用现代元素与东方文化，在受邀参观了菲拉格慕的佛罗伦萨总部，了解其品牌历史档案后，受到启发创作出的一幅独特的画。两只老虎，代表在虎年好事成双；老虎身上有牡丹图腾簇拥而成的图案，寓意花开富贵；与背景经过重新拼贴的唐伯虎“落花赋”同时呈现，形成天然的对仗。

除了菲拉格慕，施华洛世奇、迪奥等知名的品牌几乎都和艺术家合作推出过限量版产品，可以说，如果没有艺术营销，这些品牌也不可能拥有如今深刻和令人向往的内涵。

成功的艺术营销的前提，是要找到与企业品牌特质有关联或者具有独特气质和号召力的艺术家。艺术大家的参与，永远是令人激动和振奋的事情。

宝马从1973年起就开始邀请各地著名现代艺术家在经典跑车上进行个性独特的车身彩绘，这些作品本身已经成为著名艺术品，总价值更是超过3000万元。

如何选择艺术家？有几种方式可供参考：选择具有市场影响力的艺术大师；选择与产品本身有关联的艺术家；选择目前市场前景看好的当代艺术家；选择目前尚未出名的实力派艺术家。

另外，企业还可以与博物馆、收藏家进行合作，这样可以把历史上著名的艺术品与公司品牌联系在一起。

在中国，市场影响力大的中青年艺术家成为企业的首选，他们分为价值派和实力派。

价值派艺术家的作品已经得到市场的承认，如张晓刚、陈丹青、岳敏君、刘小东、曾梵志等当代画家，其作品的最高卖价已经达到千万元的级别，市场影响力与商业价值不可小觑，但与这类艺术家合作的成本相对要高。

而实力派艺术家以学院派为主，如各大艺术院校的教授、副教授等，他们的作品虽然还没有获得很高的市场认可度，但是已经具备一定的实力，如果企业品牌与其相结合，并加上良好的公关策划，完全能产生很好的碰撞。

第八节 跨界营销：强强联合获双赢

1. 他山之石，可以攻玉

说到高端品牌跨界，LV 可谓其中翘楚，自从富有商业品牌的小马哥（马克·雅克布）担任 LV 的设计师，它的跨界名单就变得和粉丝们的信用卡账单一样长。

从纽约著名的艺术家和设计师 Stephen Sprouse，到充满童趣的日本艺术家村上隆，到电影《迷失东京》的女导演索菲亚·科波拉，最近还和大名鼎鼎的波点女王草间弥生共同推出系列作品。可以说，无论是先锋还是新锐，大师或者潮人，LV 都能使出 Mix & Match 的独家秘籍，不断为品牌融入创新元素，使得每一次跨界都能掀起阵阵时尚热潮。

早在 2001 年，小马哥就邀请 Stephen Sprouse 参与设计。Stephen Sprouse 是 20 世纪 80 年代纽约著名的艺术家和设计师，他以涂鸦为特色，将街头服饰与高级时装相结合，产生了很大的影响。他与 LV 的合作，为 LV 注入一股新风。印有涂鸦印花的 LV 经典包款 Monogram 还未上市已被订购一空，从此开创了 LV 不断跨界的历史。

涂鸦包开了一个好头，小马哥对跨界的爱好一发不可收拾。如果说涂鸦包成功引入了欧美街头文化，俘获了欧美街头一代，那么如何将亚洲年轻人纳入商业版图就成了小马哥面临的一大挑战。

对于亚洲年轻人来说，LV 这种西方文化的舶来品颜色暗沉，印花呆板，它越象征富贵，就越代表老气与俗气。为了扭转这种观念，小马哥将目光投向了最善于扮可爱与卖萌的日本艺术家，并最终锁定了村上隆。村上隆的设计带有浓重的日本动漫特色，而用可爱的外表反映暴力甚至血腥的内容，更充分反映出日本文化中“菊与刀”的矛盾对立特质。

LV 与村上隆的合作可谓壮哉，从 2003 年一直到 2007 年，产生了多个系列：有着 33 种颜色印花的 Monogram，眨着大眼的 Eye Love Monogram，落英缤纷的 Cherry Blossom 樱花包，中性风十足的迷彩系列，限量的 LV Hands Neverfull，以及超受欢迎 Monogram Cerises 樱桃包。

这一次跨界融合了西方文化与东方文化，融合了奢侈品与动漫，融合了堂皇富丽与青春活泼，彻底打下亚洲年轻人的版图，LV 的业绩再次飞升。

涂鸦包和樱桃包等赢得市场后，LV 的跨界之路越走越宽，选择的对象也越来越多元，2009 年，LV 和出身名门、才华横溢、气质出众的年轻女导演索菲亚·科波拉推出了联名单品。专走气质文艺范，没有 LOGO，简洁优雅，一推出就获得了众多追捧，好莱坞的蜘蛛女克里斯汀邓斯特就是它的头号粉丝。

除了和艺术家合作外，LV 的跨界名单上还有凯迪拉克、高桥盾等。那么 LV 屡屡成功的跨界营销秘籍是什么？

2. 以消费者为中心的营销

早在 2007 年，别克林荫大道（Park Avenue）平面广告：在一辆别克林荫大道车旁边，代言人泰格·伍兹（Tiger Woods），头上戴着有耐克对勾标志的太阳帽，身上穿着的是同样带有耐克对勾标志的短袖体恤，左手是他的标志性身份象征——高尔夫球杆，脸带友善亲和又自信的笑容。

广告中我们看到三个关键元素：别克林荫大道汽车、耐克休闲运动服装、高尔夫球杆。所以不难想象，集此三元素于一身的目标用户——高端商务人士，事业有成，充满自信与活力，生活充盈而不繁重，懂得享受生活的情趣。所以借由“耐克”与“别克”两种不同的品牌，从多角度勾勒出一个目标用户的特征，这种现象就可以称之为“跨界”。

跨界，在商品竞争日益加剧、行业间互动渗透的今天，已不再是什么新鲜词汇。艺术家乐此不疲地跨界混搭。

在营销上最常运用的跨界概念包括产品跨界、文化跨界、渠道跨界等，其经典案例不胜枚举。从传统到现代，从东方到西方，跨界的风潮愈演愈烈，已代表一种特定生活态度和审美方式的融合，代表了新锐、时尚的生活态度。通过跨界合作，让原本毫不相干甚至矛盾、对立的元素，相互渗透、相互融会，从而给品牌带来一种立体感和纵深感。

可以建立“跨界”关系的不同品牌，一定是互补性而非竞争性品牌。跨界营销策略中对于合作伙伴寻找的依据，是用户体验的互补，而非简单的功能性互补。所以，跨界营销讲求的是以消费者为中心的营销理念。

审视跨界现象的发生，不难发现，跨界的深层次原因在于，当一个文化符号还无法诠释一种生活方式或者再现一种综合消费体验时，就需要几种文化符号联合起来进行诠释和再现，而这些文化符号的载体，就是不同的品牌。

每一个优秀的品牌，都能比较准确地体现目标消费者的某种特征，传递一种独特的用户体验。但因为特征单一，同时由于市场上出现类似的竞争品牌和外界因素的干扰，外部因素的干扰，品牌对于文化或者方式、理念的诠释效果就会减弱。

而一旦找到了一个或多个互补性非竞争品牌，就可以从多个方面对目标群体特征进行诠释，进而形成更为完整的品牌印象，产生更具张力的品牌联想。

所以，跨界指突破原有行业惯例，通过嫁接外行业价值或全面创新而实现价值跨越企业、品牌行为。

依据不同产业、产品、偏好的消费者之间所拥有的共性、相联系的消费特征，把一些原本没有任何联系的要素进行渗透，从多个侧面诠释一种共同的用户体验，彰显出一种独特的生活态度、审美情趣或者价值观念，以赢取目标消费者的好感与目标市场的积极回应。

3. 跨界营销游戏规则

美国著名商人约翰·华纳梅克曾说："我知道我的广告费有一半是浪费的，问题是我不知道浪费掉的是哪一半。"

这句在广告界人所共知的名言告诉我们，正确的行销方向与思路决定营销策略的成败。高端品牌营销是累积品牌资产的必要手段，一步棋之差可能直接导致在高端市场的失利或隐没，这样不但不能赢取新进者的芳心，甚至动摇忠诚者的品牌信仰。

所以，在大胆拥抱跨界营销这一时兴的行销方式之前，必须了解它的游戏规则。

（1）资源相匹配原则

正如李光斗先生在南方报业传媒集团主办的“2007 年度中国十大营销盛典”上说的：“跨界营销要像婚姻一样门当户对，寻求强强联合，这样才能使跨界营销 1+1>2，获得双赢，否则会给双方带来无尽的痛苦。”

所以资源相匹配，顾名思义指的是两个不同品牌的企业在进行跨界营销时，两个企业在品牌、实力、营销思路和能力、企业战略、消费群体、市场地位等方面应该具有一定的共性和对等性，只有具备这种共性和对等性，跨界营销才能发挥协同效应。

（2）品牌效应叠加原则

俗话说“英雄配好剑”，如果将“英雄”和“好剑”视为两个不同的品牌，那么“英雄”只有配上“好剑”，才能体现“英雄”的英武，而“好剑”只有被“英雄”所用，“好剑”的威力才能得以淋漓尽致地发挥，两者只有相互补充才能相互衬托，相得益彰，发挥各自的效果。反之则只是在浪费各自的价值和资源。

那么，所谓品牌效应叠加，即是两个品牌在优劣势上进行相互补充，将各自已经确立的市场人气和品牌内蕴转移到对方品牌身上或者传播效应的互相累加，从而丰富合作双方品牌的内涵及品牌整体影响力。

（3）消费群体一致性原则

我们知道，成功的品牌都有其准确定位的目标消费群体，作为跨度营销的实施品牌或合作企业由于所处行业、品牌价值及产品的不同，若要成功跨界，就要求双方企业或者品牌必须具备一致或者交叉的消费群体。跨界营销的实质，是实现多个品牌从不同角度诠释同一个用户群体特征。

所以，企业在思考跨界营销活动时，需要对目标消费群体做深入的分析，掌握其消费习惯和品牌使用习惯，以作为营销和传播工作的有效依据。应注意策略的协调性，避免重新注入的元素和消费者的其他特性产生冲突，以避免造成品牌印象的混乱。

在新品牌进入市场时，若使用跨界营销策略，这一原则就显得尤其重要，用得好则借力打力，在品牌建立之初就形成良好又鲜明的品牌形象。

让我们一同看看安凯高级瓷砖品牌与奔驰的战略合作。

安凯陶瓷是意大利安凯陶瓷集团与佛山市安凯世家建材联合推出的中高档仿古砖品牌。2010 年 10 月安凯中国运营总部在中国陶瓷产业总部基地正式开业，在中国市场上，安凯是一个尚属年轻的新锐品牌。

自 2010 年 6 月采用安凯陶瓷的第一家梅赛德斯 - 奔驰商务 4S 卖店在长沙开业后，到 2010 年年底，全国已经有 20 多家奔驰专卖店采用了安凯瓷砖，到 2012 年，有超过 100 家奔驰在中国的专卖店选用安凯产品。

安凯产品借由奔驰的 4S 店展示自己的瓷砖品位和质量，增加与潜在消费者的接触度，提升在目标消费群体中的知名与美誉。面对激烈的仿古砖市场竞争，要在国内市场与马可波罗、金意陶等强势仿古砖品牌争得一席之地，不被海量的传播信息埋没，安凯这一营销举措——借力共赢，实为上上之策。

此案例的成功又从另一方面表现了消费群体统一性原则的必要性，是强化跨界营销效果的基础。

(4) 品牌力量非竞争原则

跨界营销的目的在于通过合作丰富各自产品或品牌的内涵，实现双方在品牌或在产品销售上的提升，以达到双赢的结果，即参与跨界营销的企业或品牌应是互惠互利、互相借势增长的共生关系，而不是此消彼长的竞争关系，因此要求进行合作的企业在品牌上不具备竞争性。

否则，跨界营销就变味为行业联盟。在打破传统营销思维模式、避免单独作战的同时，跨界营销寻求的是非业内的合作伙伴，发挥不同类别品牌的协同效应。跨界合作旨在满足消费者多方位的感官体验和需求，这是有着相近定位的单一品类品牌联合无法实现的。

(5) 产品功能非互补性原则

这一原则指进行跨界相互合作的企业在产品属性上两者要具备相对独立性，合作不是对各自产品在功能进行相互的补充，比如花与枝叶、相机与胶卷、打印机与纸的关系，而是产品能够本身相互独立存在，各取所需，是基于一种共性和共同的特质，带给消费者多维度的消费体验。

比如，在渠道、品牌内涵、产品人气或者消费群体上的互补。换言之，跨界强调的是用户体验上的互补，而非简单的功能性互补。

好比一位手跨香奈儿 2.55 黑色金边手袋的 32 岁金领女士，脚着菲拉格慕黑色职场经典单鞋，迪奥真我香水，在格调高雅的咖啡馆里，用 SonyVAIO VGN－AR38C 笔记本细敲着隔日要提交的报告，因为健康护肤的要求，只单点一杯品质优秀的高山矿泉水。

一个生活画面由满足一个或一类人衣着、饮食、出行、工作等方方面面需要的品牌来勾勒，如此看到的才是丰满、立体的消费体验。

（6）品牌理念一致性原则

品牌作为一种文化的载体，其代表特定的消费群体，体现着消费群体的文化等诸多方面的特征。品牌理念的一致性就是指参与合作双方的品牌在内涵上有着一致或者相似的诉求点或代表着相同的消费群体。

只有品牌理念保持一致性，才能在跨界营销的实施过程中实现两个品牌的相关联，或者使两个品牌在特定的时候画上等号。

（7）以消费者为中心原则

现代营销出现了巨大转变，企业的营销行为都从过去以生产者为中心向以消费者为中心转变，从过去关注自身向关注消费者转移，解决销售只是一种手段，而关注消费者需求、提供消费所需才是跨界的真正目的。

4. 高端品牌跨界联盟策略

（1）产品：互动研发

4C 理论的提出，被营销界视为实现了从 4P 理论的“生产者或广告主视角”向 4C 理论代表的“消费者视角”的转变，跨界营销也在某种程度上暗合了这个营销大趋势。

不过，由于两大理论要素之间的对应互通（Product - Consumer；Price - Cost；Place - Convenience；Promotion - Communication），所以不妨借助 4P 理论中的营销要素来细分跨界营销方式，并结合实际案例的分享，以对中高端跨界策略有更深层次的把握和思考。

产品合作层面的跨界方式，主要是指在产品的研发过程中，通过与异行业的品牌概念、产品功能的相互渗透，以实现产品研发或功能上的跨界。例如法拉利和限量诺基亚 VERTU 的跨界联盟。

2008 年 11 月，继成功推出庆祝法拉利 60 周年的 Vertu Ascent 手机 Ferrari 1947 Limited Edition 限量版之后，法拉利、VERTU 两大豪门再次合作，为旗下 Ascent Ti 系列手机再次推出了三款限量版新机。

与以往的天价定位不同，这次亮相的限量版本主要根据手机上的不同颜色来命名，分别为 Vertu Nero、Vertu Rosso 以及 Vertu Giallo 限量版。

VERTU 不仅仅是一部手机，它标榜的是手机界从未设想过的一种全新生活方式的体验——品位、气质、尊贵、荣耀，它以经营高档品牌的方式，制造了一种人人想要，但是很少有人买得起的市场形象，而这一点恰恰与豪华跑车法拉利的品牌形象是一样的。

（2）定价：捆绑互惠

定价合作层面的跨界方式，一般通过多品牌不同产品、服务间的捆绑搭配售卖，降低营销与消费成本的同时，为消费者提供专属的消费优惠。

在跨界合作中的捆绑互惠同样要求价格定位、目标消费群体的一致性，更加强调产品功能的非互补性。

例如，美国两大知名百货店内曼·马库斯与塔吉特将由 24 名美国时装设计协会成员共同推出 2012 年 holiday 系列，这是美国当今最有名、最“红”的品牌合作，相信若非两家大型百货公司联手，要囊括这 24 名设计师必将难于登天。

（3）铺货：渠道共享

渠道合作层面的跨界方式，主要是指两个及以上品牌基于产品售卖或展示渠道的互借共享实现的跨界合作，为消费者打造完整的消费体验。

如加多宝旗下的高端品牌“昆仑山”天然雪山矿泉水携手宝马，成功入驻全国近四分之一的宝马4S店，供宝马车主选购和保养车辆之时进行品尝和购买，传递自身高端、时尚的品牌文化内涵。

（4）促销：联合促卖

4P中的Promotion（促销组合），指企业利用各种信息载体与目标市场进行沟通的传播活动，包括广告、人员推销、营业推广与公共关系等。

所以，促销层面的跨界合作，自然体现在合作品牌在市场上的传播声音中。其中以联想ThinkPad与宝马为典型。

联想通过宣布鼎力支持“2011BMW X之旅”，成为宝马本次活动的独家电脑设备合作伙伴，将为活动提供全程笔记本电脑设备与技术支持，助力热爱探索的宝马车手挑战六年来首次寒冬里的冰雪之旅。

ThinkPad X系列产品与宝马汽车有很好的契合度：双方目标客户群体非常相似，都是高端商务人群，并且对产品移动性的要求很高。这样的旅程更是体验产品的绝佳机会，用事实说话，借赛事打造口碑，让客户在竞技体验中感受品牌精神，如此跨界并辅之以长期的规划，势必能够在特定群体中获得持续的影响力。

从产品、定价、渠道、促销四大营销要素层面出发探讨跨界合作的多种方式，不同品牌间的相互融合可以渗透品牌经营的全过程。从顶级跑车与高端手机，到潮流服装与 IT 品牌，再到基金品牌与快速消费品，竟又是如此不穷的品牌组合。

不难发现，在异业联盟的世界里充满了无限可能。从品牌的建塑出发，明确品牌定位终究根植于消费者心中，只要能够把握住合作品牌间共享的消费群体特性或该群体对品牌的共同愿景，就请大胆地跨界行销，行将收获的不仅是销售业绩的增长，更是一次品牌资产的积累与突破！